AF559309

ANKERHERZ

DAS KLEINE BUCH VOM MEER

MORD AN BORD

VON **STEFAN KRUECKEN** (HRSG.) UND **OLAF KANTER**

DAS KLEINE BUCH VOM MEER – MORD AN BORD

Originalausgabe

iStock S. 6, 8, 10, 24, 27, 40, 92, 95, 111, 182
Alamy S. 68, 104, 108, 114,118, 144, 148
Adobe Stock S. 34, 101, 102, 143
Picture Alliance S. 22, 162, 172
Unsplash S. 41, 136
Tristan Schmurr S. 76, frumperino/Wikipedia S. 78, W. J. Hoendervanger S. 124, Standbild Youtube S. 125, Eugenio Castillo, C/Jorge Guillen S. 132, Klipper S. 152, Beluga Nomination S. 154

Illustrationen: Jens Winterhoff
Titelgestaltung: Susanne Schmaus, Berlin
Buchgestaltung und Satz: Selina Bauer, Susanne Schmaus, Berlin
Korrektorat: Sarah Schröpf, Losheim am See

Druck und Bindung: UnitedPress Tipografija , SIA, Riga, Lettland
Gedruckt auf FSC-zertifiziertem, holz- und säurefreiem Papier.
Printed in Latvia.

Bibliografische Informationen der Deutschen Nationalbibliothek:
Die Deutsche Nationalbibliothek verzeichnet diese Publikation in der Deutschen Nationalbibliografie; detaillierte bibliografische Angaben sind im Internet unter http://d-nb.de abrufbar.

Ankerherz Verlag GmbH, Hollenstedt
info@ankerherz.de
www.ankerherz.de

ISBN 978-3-945877-56-2

INHALT

ÜBER MORD AN BORD

DAS WAHRE VERBRECHEN LAUERT HINTER DEM HORIZONT

Für einen Mord gibt es kaum einen besseren Ort als ein Schiff auf hoher See. Lästige Zeugen lassen sich mit etwas Geschick vermeiden. Nirgendwo sonst ist es so einfach, eine Leiche zu beseitigen. Sollte das Opfer jemals gefunden werden, hat das Salzwasser alle Spuren beseitigt. Und dann, sollte überhaupt ermittelt werden, stellt sich vor Gericht eine weitere Frage: Wer ist eigentlich zuständig? Das wahre Verbrechen lauert hinter dem Horizont.
Schiffe bewegen sich in den Weiten der See als geschlossene Systeme in einer lebensfeindlichen Umgebung. Wenn es ernste Probleme gibt, ist Hilfe weit, denn der Notruf 110 funktioniert nicht.

Das Meer bietet einen Ozean von spannenden Geschichten, davon sind wir bei Ankerherz überzeugt. Alle großen Themen unserer Zeit haben direkt mit der See zu tun: Klimakrise. Migration.

Globalisierung. Im vierten Band unserer Reihe „Kleines Buch vom Meer" nehmen wir den Ansatz, unseren Lesern immer die spannendsten Geschichten erzählen zu wollen, wörtlich.
Wir erzählen wahre Krimis von der See.
In den vergangenen Jahren hat sich ein regelrechtes Genre „Küstenkrimi" entwickelt. Erfolgreich wird in der Bretagne, in Ostfriesland und an Tatorten von Flensburg über Kiel bis Usedom ermittelt. TV-Sonderkommissionen gibt es auch reichlich, unter anderem in Hamburg und Wismar. Wir gehen einen Schritt weiter, wir gehen über die Klippe – raus auf See.
Wir berichten von grausamen Kapitänen und skrupellosen Reedern, die Sargschiffe auf die Reise schickten. Von einem Fischer, der seinen Widersacher in der Dunkelheit vor Norderney beseitigte. Von einer gemeinen Crew, die blinde Passagiere wie menschlichen Ballast entsorgte – ohne dass es für die Täter echte Konsequenzen hatte.
Einige der aktuellen Fälle, von denen wir erzählen, sorgten für internationale Schlagzeilen, wie der Mord auf der „Nautilus" im Seegebiet vor Kopenhagen. Aber auch historische Ereignisse, die in Vergessenheit gerieten, spielen eine Rolle. Wie die schockierenden Ereignisse auf der Reise der „Batavia". Ein Kapitän berichtet in diesem Band, wie er im Tatort Nordatlantik die Nerven behielt, als Schüsse fielen. Und was einer schottischen Polizistin bei ihren Ermittlungen auf einem britischen Atom-U-Boot widerfährt, lesen Sie in unseren Filmtipps.

Wir wünschen spannende Unterhaltung!

MORD AN BORD

Ein Schiff ist ein ziemlich perfekter Ort, um einen Mord zu begehen. Wenn die Leiche einmal im Meer ist, wird es für die Ermittler extrem schwierig. Beweise fehlen, Zeugen auch – und wer ist auf hoher See eigentlich zuständig? Seit Jahren lese und höre ich immer wieder von spektakulären Mordfällen, die sich auf Schiffen ereignen.

VON STEFAN KRUECKEN

Was der Ehemann zunächst der Crew und später den Ermittlern der italienischen Polizei erzählt, klingt unverdächtig. Zumindest aber so plausibel, dass kein Verdacht auf ihn fällt, jedenfalls nicht sofort. Seine Partnerin ist von Bord der „Island Escape" verschwunden, einem Kreuzfahrtschiff, das vor der Südküste Italiens kreuzt.

Gegen 1 Uhr in der Nacht habe Micki Kanesaki die Kabine verlassen, um sich heißes Wasser und einen Teebeutel zu besorgen, gibt Lonnie Kocontes, damals 48 Jahre alt, ein Anwalt, in den Vernehmungen zu Protokoll. Er selbst habe eine Schlaftablette geschluckt und sei schnell eingenickt. Als er am nächsten Morgen aufwachte, sei er alleine gewesen. Überall auf dem Schiff habe er nach ihr gesucht.

Ach so, sie habe darüber gesprochen, sich das Leben nehmen zu wollen. Ob die Wirkung des Weines vielleicht diese Absicht verstärkt habe? Er mache sich Vorwürfe, beteuert Kocontes. Aber hat er dieses tragische Unglück wirklich verhindern können?

Polizisten beginnen, die letzten Stunden des Paares anhand von Überwachungsvideos und Zeugenaussagen zu rekonstruieren: Ein Restaurantbesuch. Eine Flasche Wein. Ein kurzer Abstecher ins Spielcasino. Mitternacht gehen sie auf ihre Kabine. So weit alles normal, und was auch immer danach geschah, bleibt unbekannt. Es gibt keinen Hinweis auf ein Gewaltverbrechen.

Seit den Neunzigern sind Kocontes und Kanesaki ein Paar. Sie lernten sich in einer Kanzlei kennen, wo er als Anwalt tätig war und sie als Rechtsanwaltsgehilfin. 1995 heirateten sie. Doch aus Liebe wurde Hass: häusliche Gewalt, Alkoholprobleme, sieben Jahre später die Scheidung. Sie wohnten allerdings weiter im gemeinsamen Haus, in Ladera Ranch, einer Kleinstadt im kalifornischen Orange County. Zusammen mit Kocontes' neuer Frau Amy Nguyen, von der er sich ebenfalls trennte. Die Reise sollte ein Versuch sein, die Dinge mit seiner ersten Frau wieder in Ordnung zu bringen, gibt Kocontes an.

Kurz nach den Vernehmungen reist er eilig zurück in die USA. Die Polizisten wundern sich: Will er nicht abwarten, was die Suche nach der Vermissten ergibt? Ein komplizierter Beziehungsstatus und ein merkwürdig zügiger Heimflug sind allerdings kein hinreichender Grund, den Anwalt in Italien festzuhalten. Es gibt nur diesen seltsamen Eindruck – aus dem wenige Tage später Gewissheit wird.

Die Crew eines Forschungsschiffs zieht eine Frauenleiche aus dem Mittelmeer. Es ist Micki Kanesaki! Eine Obduktion ergibt, dass die Leiche kein Wasser in den Lungen hat. Die Luft im Atmungsorgan ließ die Leiche auf dem Mittelmeer treiben. Was beweist, dass die Passagierin nicht ertrank. Ein Unfall scheidet damit aus. Ebenso ein Suizid.

Es war Mord.

An der Leiche entdecken Rechtsmediziner Würgemale. Ihr Schädel ist gebrochen. Doch das Meerwasser hat dem Leichnam bereits zugesetzt – DNA-Spuren können die Experten nicht sicherstellen. Für die italienische Polizei reichen diese Indizien nicht aus, um einen internationalen Haftbefehl gegen Kocontes zu erwirken.

Weil es sich aber um den gewaltsamen Tod einer amerikanischen Staatsbürgerin handelt, übernimmt das FBI. Es dauert nicht lange, bis die Beamten seltsame Geldbewegungen auf den Bankkonten des Opfers entdecken. Kocontes versucht, insgesamt mehr als eine Million US-Dollar von mehreren Konten der Verstorbenen auf sein eigenes zu transferieren.

Die Ermittler besuchen die Mitarbeiterin des Reisebüros, bei dem er die Kreuzfahrt buchte. Sie habe sich über die Planung gewundert, sagt die Dame. Die Anreise erschien ihr mit Umstiegen in Minneapolis und London als beschwerlich, doch Kocontes bestand auf diesem Abfahrtstermin auf exakt diesem Schiff. Kein anderes kam infrage. Wiederholt fragte er nach, ob es sich auch wirklich um eine Außenkabine handelte.

Die Ermittler finden rasch die Antwort, warum es ausgerechnet die „Island Escape" sein musste. Von jeder Außenkabine ist ein ungebremster Fall ins Meer möglich. Kein Zwischendeck ist im Wege, kein Vorsprung, nichts, was einen Sturz aufhalten könnte, eine Besonderheit. Die FBI-Agenten finden außerdem heraus, dass sich Kocontes bei einem Bekannten – einem ehemaligen Polizisten – über Sicherheitsstandards an Bord von Kreuzfahrtschiffen erkundigte. Vor allem über den Einsatz von Kameras im Bereich der Gänge und Balkone. Die FBI-Agenten nehmen Kocontes unter Mordverdacht fest.

Knapp zwei Jahre später sitzt der Verdächtige auf der Anklagebank und bestreitet alle Vorwürfe. Er weiß: Die Anklage hat zwar jede Menge Indizien, aber keine handfesten Beweise. Keine DNA, keine Augenzeugen. Kocontes ist sicher, dass ihm niemand die Tat beweisen kann. Seine Partnerin Amy Nguyen sagt ebenso für ihn aus wie ein befreundeter Jurist.

Zum Entsetzen von Ermittlern und Staatsanwälten weist der Richter die Klage schließlich ab. Die Beweislage sei zu dünn, heißt es in der Begründung, jeder an Bord der „Island Escape" könne theoretisch der Täter sein. Kocontes kommt frei. Wenig später verlässt er Nguyen und zieht nach Florida, wo er eine neue Beziehung beginnt. Dass der neue Wohnort ausgerechnet „Safety Harbor" heißt, erscheint wie eine makabre Fußnote in dieser Geschichte.

Doch dann, vier Jahre später, meldet sich Amy Nguyen, die Verlassene, bei den Ermittlern des FBI. Sie habe Angst und neue Informationen. Nicht nur sei sie unter Druck gesetzt worden, Falschaussagen zu machen. Kocontes habe ihr gegenüber vor der Kreuzfahrt angekündigt, Micki Kanesaki an Bord der „Island Escape" von einem Freund töten zu lassen. Der Killer aber sei nicht aufgetaucht. Amy Nguyen, besorgt um ihre eigene Sicherheit, kündigt an, nun mit den Ermittlern zu kooperieren. Ihre Angst ist begründet: Ein Gefängnisinsasse, mit dem Kocontes einsaß, berichtet, dass dieser versuchte, aus dem Knast heraus einen Killer anzuheuern, um die Zeugin zu beseitigen.

Erneut macht man ihm den Prozess, und wieder gestaltet sich der Fall komplizierter als erwartet. Micki Kanesaki ist in internationalen Gewässern umgebracht worden. Wieso die Strafverfolgungsbehörden der USA überhaupt verantwortlich seien? Mit dieser Frage will die Verteidigung den Prozess platzen lassen. Das Gericht entscheidet, dass die Tat in Kalifornien geplant wurde – man also sehr wohl zuständig ist. Auch die Corona-Pandemie verzögert den Verlauf des Verfahrens.

Der Staatsanwalt spricht davon, dass Kocontes ein „perfektes Verbrechen" geplant hatte, mit Auswahl des ideal geeigneten Schiffes, der richtigen Kabine und des optimalen Zeitpunkts. Nur der Zufallsfund der Leiche durch die Crew des Forschungsschiffs brachte die Dinge ins Rollen. Der Staatsanwalt spricht von einem „Wunder".

Schließlich, mehr als 14 Jahre nach der Tat, gibt es endlich Gerechtigkeit. Lonnie Kocontes wird schuldig gesprochen. Lebenslang, ohne Chance auf Bewährung.

+++

Ein Kreuzfahrtschiff ist ein ziemlich guter Ort, um einen Mord zu begehen. In der Nacht, wenn die Decks leer sind, gibt es keine Zeugen. Balkone garantieren Privatsphäre. Der Ozean schluckt Vermisste in der Regel, und wenn die Leiche doch gefunden wird, macht das Seewasser die Spurensuche für Rechtsmediziner nahezu unmöglich. Und dann bleibt die Frage der Zuständigkeit. Welche Behörde ermittelt, wenn das Verbrechen in internationalen Gewässern geschah?

Immer wieder kursieren Meldungen von Vermissten, doch präzise Fakten zum Thema „Mord an Bord“ kennt niemand. Mehr als vierhundert Menschen sollen seit 2010 von Kreuzfahrtschiffen gefallen sein, so wird geschätzt. Andere Experten gehen davon aus, dass im Schnitt zwei Menschen monatlich ins Meer stürzen. Angesichts von vielen Millionen Passagieren eine extrem niedrige Quote. In manchen Fällen handelt es sich um Unfälle unter Einfluss von Alkohol oder anderer Drogen. In anderen um Suizid. Von einem erfahrenen Schiffsarzt weiß ich, dass betagte und schwer erkrankte Passagiere das Schiff als Transportmittel ihrer letzten Reise wählen.

Ich erinnere mich an einen echten Krimi, den mir Heinz Aye erzählte, ein alter Kreuzfahrtkapitän. Ein schillernder Charakter, der es in der Hochphase des Kalten Krieges wagte, mit einem Schiff voller amerikanischer Touristen in die Hoheitsgewässer und in einen Hafen der UdSSR einzulaufen. Er berichtete von einem Vorfall nach einer Exkursion auf einer kleinen Insel in der Antarktis.

Ein Ausflug mit Landgang auf einer unbewohnten Insel war beendet, Dämmerung lag bereits über der kalten See, und das Schiff zog seine Bahn, als sich eine Passagierin auf der Brücke meldete. „Mein Mann ist verschwunden“, sagte sie. Kapitän Aye ließ das Schiff durchsuchen. Ohne Ergebnis. Doch die Karte am Switchboard, die anzeigt, dass ein Passagier über die Gangway kam, war umgedreht worden.

Wie war das möglich?

Kapitän Aye drehte das Schiff und fuhr mit voller Fahrt zurück zur Insel. Nur noch wenige Minuten, bis es komplett dunkel war, obendrein setzte Schneetreiben ein. Durch sein Fernglas erkannte der Kapitän einen Punkt am Ufer. Es war ein Mann, der verzweifelt mit den Armen ruderte. Kapitän Aye ließ ein Zodiac aussetzen, den Passagier abholen und zu sich bringen.

Der Mann, Mitte 60, berichtete, dass er während der Exkursion Kaffee aus einer mitgebrachten Thermoskanne getrunken hatte. Dann sei ihm „schwummrig geworden". Er lehnte sich kurz an einen Felsen, alles drehte sich, und als er aufwachte, sah er, wie das Schiff am Horizont verschwand.

„Die nächste Nacht hätte der Mann auf keinen Fall überlebt", erzählte Aye.

Wer aber hatte seine Karte an der Gangway umgedreht und damit vorgetäuscht, dass er an Bord war? War es die Ehefrau, die auf die Brücke eilte, weil sie ein schlechtes Gewissen plagte? Oder wollte sie sich mit dem späten Alarm ein Alibi geben? Das Verschwinden ihres Mannes gar nicht zu melden, hätte sie zur Hauptverdächtigen gemacht.

Kapitän Aye kam das alles dubios vor, doch beweisen konnte er Hunderte Seemeilen von der nächsten Polizeistation entfernt nichts. Zumal auch die Thermoskanne, das einzige Beweisstück, auf der Insel geblieben war. Er verbot dem Ehepaar weitere Landgänge und wies die Crew an, die beiden jederzeit aufmerksam im Auge zu behalten. „Ich wollte keinen Mord an Bord meines Schiffes erleben", sagte er. Der Rest der Reise verlief ohne Zwischenfälle.

Ob sich der Ehemann scheiden ließ? Kapitän Aye wusste es nicht.

+++

Während ich an dieser Geschichte schreibe, ist erneut eine Frau auf mysteriöse Weise von Bord eines Kreuzfahrtschiffs verschwunden. Türkische Medien berichten, dass die Schmuckunternehmerin Dilek Ertek, Ende 60, von Bord des Kreuzfahrtschiffs „Norwegian Spirit" fiel. Das Schiff, unterwegs auf einer Reise, die in Hawaii begonnen hatte, befand sich vor der Küste von Tahiti.

Überwachungskameras zeichneten ihren Sturz um 3 Uhr in der Frühe auf, aber nicht, wie es dazu kam. Weil niemand Alarm auslöste, fuhr das Schiff weiter durch die Nacht. Ein Unfall erscheint als unwahrscheinlich, denn Dilek Ertek war nur 1,57 Meter groß und die Reling hoch.

Erst zwanzig Stunden später meldete ihr Reisebegleiter, ein 74-jähriger Schweizer, das Verschwinden. Man muss nicht Sherlock Holmes sein, um dieses Maß an Gelassenheit seltsam zu finden. Die Crew sperrte ihn in einer Kabine ein, und die Polizei von Papeete, der Hauptstadt von Französisch-Polynesien und nächstgelegener Hafen, hatte eine Menge Fragen. Weil sie aber nichts beweisen konnten, keine Spuren fanden und kein einziges Indiz, das den Mann belastete, ließen die Polizisten den Liebhaber laufen. Er soll in die Schweiz zurückgekehrt und kurz darauf untergetaucht sein.

Die Leiche der Unternehmerin, die den ersten Tiffany's-Store in Istanbul eröffnet hatte, wurde nie entdeckt. Eine intensive Suche, an der sich auch Einheiten der amerikanischen Coast Guard beteiligten, endete ohne Ergebnis. Ihr Sohn, der in die Südsee reiste, erhob schwere Vorwürfe gegen die Behörden. Sie hätten schlampig gearbeitet. So sei nicht mal aufgefallen, dass wertvolle Juwelen im Safe seiner Mutter fehlten. Ob es in dieser Geschichte noch eine späte Wendung gibt wie im Falle von Micki Kanesaki?

Nicht immer gibt es Wunder.

NORRÖNA

DER FALL LUCONA

Tatort	Massengutfrachter „Lucona“
Position	Indischer Ozean
Tatzeit	23. Januar 1977
Täter	Udo Proksch
Straftaten	Mord, Versicherungsbetrug

Der Massengutfrachter „Lucona“, 1966 auf der Büsumer Werft gebaut, wird 1976 von einem Wiener Unternehmer namens Udo Proksch gechartert. Proksch ist eine schillernde Figur der Wiener Gesellschaft, fünf Jahre mit der bekannten Schauspielerin Erika Pluhar verheiratet, später mit einer Enkelin von Richard Wagner liiert. Seine Beziehungen reichen bis in höchste Kreise der österreichischen Politik. Er hat einen Tick fürs Militärische. So plant er einen Spielplatz, auf dem Männer Krieg spielen können, und experimentiert selbst mit Sprengstoff.

Die Ladung der „Lucona", angeblich eine 700 Tonnen schwere Anlage zur Zerkleinerung von Uranerz, hat laut Versicherungspapieren einen Wert von 212 Millionen Schilling, umgerechnet sind das etwa 15 Millionen Euro. Im italienischen Chiogga wird das Schiff beladen. Es fährt durch den Suezkanal und nimmt Kurs auf die Seychellen. Vorläufiger Bestimmungshafen ist Hongkong. Wo die Reise endgültig hingehen soll, weiß selbst der Kapitän nicht.

Aber es kommt sowieso anders: Am 23. Januar 1977 erschüttert eine Explosion die „Lucona". Sechs Menschen kommen um, der Frachter sinkt. An einer Stelle, an der der Indische Ozean so tief ist wie nirgendwo sonst.

Doch die Versicherung weigert sich zu zahlen. War die Ladung wirklich so viel wert? Es stellt sich heraus, dass keine 700 Tonnen Fracht an Bord waren, sondern nur 280 Tonnen – keine teure Industrieanlage, sondern Schrott. Auch explodieren Schiffe nicht einfach so. Es muss ein Sprengsatz an Bord gewesen sein, wahrscheinlich ein Zeitzünder. Dafür spricht, dass der Kapitän mehrmals durch Anweisungen der Auftraggeber aufgehalten wurde, damit sein Schiff auch wirklich in einer Wassertiefe verschwindet, die Nachforschungen schwierig macht.

Ein Tauchroboter findet das Wrack schließlich 1991 auf 4200 Metern Tiefe. Videoaufnahmen zeigen: Der vordere Laderaum wurde von der Explosion auseinandergerissen, der hintere Teil des Schiffs blieb weitgehend intakt. Proksch wird der Prozess gemacht und wegen sechsfachen Mordes zu einer lebenslänglichen Haftstrafe verurteilt. Er stirbt 2001 an den Folgen einer Herzoperation.

Was den Fall „Lucona" so rätselhaft macht, ist die Verstrickung der Politik. Minister der Regierung Bruno Kreisky (SPÖ) intervenieren mehrfach und behindern die Ermittlungen, um ihren Kumpan Proksch zu schützen. 1989 wird ein parlamentarischer Untersuchungsausschuss eingesetzt, um die Vorgänge zu klären. Nationalratspräsident und Innenminister (ebenfalls beide SPÖ) treten zurück, vierzehn weitere Politiker und Spitzenbeamte verlieren ihre Ämter.

NORDERNEY

TOD AUF DEM KUTTER

APRIL 1863 +++ KUTTER „ST. PETER“ +++ NORDERNEY, DEUTSCHLAND

Im Inselmuseum von Norderney machte ich in einer Grabbelkiste einen Zufallsfund: ein kleines historisches Heft. Darin wird ein Drama beschrieben, das auf der Insel einst für große Aufregung sorgte. Ein Kriminalfall auf den Wellen.

VON STEFAN KRUECKEN

Norderney, 1928" steht auf dem Heftchen. Das Titelbild zeigt einen alten Nordseefischer, der genau so aussieht, wie man sich einen alten Nordseefischer vorstellt. Weißer Bart, Ölzeug, auf dem Kopf trägt er einen Südwester, und der Blick geht seemännisch streng in die Ferne. Im Mundwinkel hängt, um wirklich alle Klischees zu bedienen, eine Pfeife.

Wer in der Broschüre blättert, der findet Fotos Tennis spielender oder segelnder Gäste, die den Glamour des Berlins der späten 1920er-Jahre auf die Insel brachten. Man sieht Porträts scharf gescheitelter Herren des Inselorchesters, Strandszenen, Historisches über die Inselreederei (die heute noch Monopolist ist) und allerhand Werbeanzeigen.

Mittendrin fällt mir eine Kriminalgeschichte auf, von der ich ahne, wie sehr sie die Insulaner beschäftigte. Die Überschrift klingt noch einigermaßen unspektakulär, doch das Drama dahinter hat es in sich: „Der Untergang des Schiffers Kassen Harms am 11. April 1863, nacherzählt nach Akten aus dem Gerichtsarchiv." Die Namen von Täter und Opfer wurden vom Berichterstatter verändert – doch auf Norderney wusste vermutlich jeder, wer gemeint war.

Der Krimi auf den Wellen begann in Bremerhaven, festgehalten in einer Notiz eines Mannes auf der Station des Amtes Unterweser. Er protokollierte, dass der Seefischer Kassen Harms mit seinem Kutter „St. Peter" den Fang gelöscht hatte und um 20.50 Uhr wieder auf See ging. Mit dem Ziel

Norderney, seinem Heimathafen. Die Sonne war bereits untergegangen, und der Wind briste auf. Doch der Fischer soll gesagt haben: „Ach wat, lat uns man losgahn."

Ein anderer Fischer, Jann Jannsen Fimmen, ebenfalls von Norderney, hockte in der Kneipe „Muttern Schramm" gleich an der Pier. „Käpten, Käpten, der Kassen macht los", rief ein Mitglied seiner Crew. Fimmen, nach Bier und Köm schon mit einiger Schlagseite unterwegs, zahlte eilig seine Zeche. Wenig später legte er ab.

Am kommenden Morgen hatte sich der Sturm etwas abgeschwächt. Der Wind trieb zerrissene Wolken über den Himmel, als Fimmen im Hafen von Norderney festmachte. Ein Crewmitglied, der Gehilfe Peter Gerdes, verließ den Kutter eilig mit seinem Bündel Seezeug unter dem Arm und lief Richtung Dorf. Stunde um Stunde verging. Vom anderen Kutter und seiner Besatzung war noch immer nichts zu sehen.

„He, Fimmen, Kapitạn!"

Ein kleiner Junge rief vom Dach eines Schuppens. Es war Heiko Harms, der nach dem Boot seines Vaters Ausschau hielt. Es dauerte, bis sich an Bord etwas rührte, dann kam der Fischer an Deck und stolperte über einige Fischkisten. Er war noch immer oder schon wieder betrunken.

„Kapitän Fimmen, hest du min Vader ne sehn?"

Was der Fischer lallte, war im starken Wind kaum zu verstehen, und ein Crewmitglied polterte mit Fischkisten. Doch einen Satz konnte der kleine Heiko aufschnappen: „Die Schmierlappen haben uns in der Nacht angesegelt." Der Junge rannte nach Hause, um davon seiner Familie zu berichten. Eine Stunde später – so ist es im Jahrbuch wörtlich vermerkt – wusste das ganze Inseldorf, dass sich auf dem Meer etwas Schlimmes ereignet hatte. Eine Kollision vor der Insel.

Die Männer von Norderney standen während des Tages auf der Marienhöhe und hielten vergeblich Ausschau nach der „St. Peter". Fischer Fimmen lag in seinem Bett und schlief den Rausch aus. Eine Zeugin, die ihm auf seinem Heimweg begegnet war, gab an, dass er „gegen den Wind" nach Branntwein stank. Als der Vogt – die Gerichtsbarkeit auf der Insel – am kommenden Tag Fimmen zu den Ereignissen befragen wollte, war dieser bereits wieder auf See. Wie auch die Matrosen, die ihn in dieser Nacht begleitet hatten.

Nach einigen Tagen trieben Trümmer der „St. Peter" an einem Strand auf dem Festland an. Es waren die Schwerter des Kutters – und sie zeigten Spuren eines Stevens. Es bestand kein Zweifel mehr: Dieses Schiff war gerammt worden. Von der Kanzel verkündete der Pastor von Norderney am darauffolgenden Sonntag, dass der Schiffer Kassen Harms, sein Steuermann und ein Matrose den Seemannstod gestorben waren. Nun meldeten sich Zeugen.

Eine junge Frau, befreundet mit der Magd der Familie Fimmen, gab an, dass der Kapitän im Suff damit geprahlt hatte, Harms auf See verschwinden zu lassen. Mehrere Männer von Norderney wussten von Drohungen, die Fimmen immer wieder ausgestoßen hatte. Er werde ihn „schon zu treffen wissen in irgendeinem Fahrwasser und ihn durchsegeln". Auch Harms selbst berichtete von Verwünschungen.

Besonders brisante Informationen hatte ein Fischer aus dem Küstendorf Nessmersiel. Sein Schwiegersohn, der Gehilfe Peter Gerdes, sei unschuldig am Unglück. Dieser habe geschlafen, als es passierte. Durch den Aufprall geweckt, stürzte er an Deck und wollte den Schiffbrüchigen in der kalten Nordsee helfen. Worauf Fimmen drohte, dass er ihn über Bord werfe, wenn er nur eine Hand rührte.

Nun stand endgültig fest: Das war kein Unglück. Wie immer es juristisch zu bewerten war – als Totschlag, vielleicht sogar als Mord –, über ein Motiv spekulierte das Jahrbuch der Insel Norderney nicht. Vielleicht hat es in der kleinen Inselwelt ohnehin jeder gewusst.

Der Fischer Fimmen lag mit seinem Kutter an der Pier in Bremerhaven, als die Leute vom Hafenamt kamen, um ihn zu verhaften. Er hatte den Fang verkauft und sich die nächste Flasche Schnaps gekauft, die vor ihm stand, als die Männer das Logis betraten.

Welche Strafe er erhielt? Darauf kann ich im Heftchen mit dem knorrigen Fischer auf dem Titel keinen Hinweis finden.

JAHRBUCH

NORDERNEY

1928

BETRÜGER ZUR SEE

In den Annalen der Seefahrt sind spektakuläre Fälle von Versicherungsbetrug zu finden. Nicht selten endeten sie tragisch – ohne Rücksicht auf Menschenleben. Das eiskalte Kalkül der Verbrecher: Wenn das Schiff absäuft, sind alle Spuren beseitigt.

HÖLLEN-MASCHINE IM HOLZFASS

Schiffsname: „Mosel"
Schiffstyp: Dampfschiff
Tatzeit: 11. Dezember 1875
Täter: William Keith Thomas
Position: Bremerhaven
Vorgehen des Täters: Sprengsatz mit Zeitzünder
Opfer: 83 Tote und 200 Verletzte

Hergang: An der Südkaje des Überseehafens in Bremerhaven macht die Crew den Dampfer „Mosel" am 11. Dezember 1875 klar zum Auslaufen. 576 Passagiere haben die Überfahrt nach New York gebucht, die meisten sind Auswanderer. Buchstäblich in der letzten Minute hält ein Fuhrwerk auf der Pier mit Kisten und Fässern, die noch geladen werden sollen.
Hafenarbeiter wuchten ein Eichenfass vom Wagen, das den Frachtpapieren zufolge 13 Zentner wiegt – und dann kommt es zu einer gewaltigen Explosion, die kilometerweit zu hören ist. Die Detonation reißt einen vier Meter tiefen Krater in die Kaje. Ihre Wucht tötet alle Menschen im direkten Umkreis. Die Polizei sammelt und sortiert Leichenteile und zählt schließlich 83 Tote.

Eine „im Fass verborgene Höllenmaschine" sei die Ursache der Katastrophe, lautet die erste Vermutung der Ermittler. Noch am selben Tag finden Polizisten den Täter in einer Kabine des Dampfers, aus zwei Wunden am Kopf blutend. Es ist ein Amerikaner namens William Keith Thomas, und er hat gerade versucht, sich das Leben zu nehmen. Im Krankenhaus legt er zwei Tage später ein Geständnis ab. Er hatte Versicherungsbetrug geplant und dafür wertlosen Eisenschrott hoch versichert. Ihn drückten Spielschulden. Dass bei seinem Anschlag auf der „Mosel" viele Menschen sterben würden, schien ihn offenbar nicht zu belasten.
Im Fass war eine Bombe mit Zeitzünder versteckt, die mitten auf dem Atlantik hochgehen sollte, um alle Spuren zu beseitigen. Thomas stirbt, und die Ermittler rekonstruieren anhand seiner Aussagen den Hergang des Verbrechens. Die angeblich letzten Worte des Attentäters vor seinem Tod: „Pech gehabt."

KATZENFUTTER UND GUMMISTIEFEL

Schiffsname: „Mary Celeste"
Schiffstyp: Schonerbrigg
Tatzeit: 3. Januar 1885
Position: Rochelois Riff, Haiti
Vorgehen des Täters: vorsätzliche Strandung
Angeblicher Schaden: 30.000 US-Dollar

Hergang: Die Geschichte der „Mary Celeste" bietet Stoff für Legenden. 1872 wird sie östlich der Azoren entdeckt. Die Segel sind gesetzt, sie ist völlig intakt, aber weit und breit keine Crew. Das Schiff hatte 1700 Fässer Rohalkohol geladen. Hatte der Kapitän den Laderaum lüften lassen und aus Sorge vor den Dämpfen seine Crew in das Rettungsboot befohlen?

War die Leine zwischen Schiff und Beiboot gerissen? Oder hatte sich die „Mary Celeste" selbstständig gemacht? Es bleibt bis heute eines der großen Rätsel in der Geschichte der Seefahrt.
Dreizehn Jahre später.
Unter einem neuen Eigner namens Gilman C. Parker segelt das Schiff 1885 von Boston nach Port-au-Prince auf Haiti. Kurz vor dem Bestimmungshafen steuert Parker sein Schiff bei schönstem Wetter auf ein Korallenriff und meldet die Havarie bei seiner Assekuranz. Zu seinem Pech sinkt die „Mary Celeste" nicht sofort. Agenten der Versicherung finden heraus, dass die Ladung – Gummistiefel und Katzenfutter – „exorbitant überversichert" war. Die Fälschung der Ladepapiere wird aufgedeckt, Parker kommt wegen Betrugs vor Gericht.

„VERSCHOLLEN" AUF DER OSTSEE

Schiffsname: keine Angabe
Schiffstyp: kleines Motorboot
Tatzeit: 7.–10. Oktober 2019
Täter: 52-jähriger Kieler
Position: vor dem Strand von Schönberg, Ostsee
Vorgehen des Täters: vorgetäuschter Unfall mit Todesfolge
Angeblicher Schaden: 4,1 Millionen Euro

Hergang: Am 7. Oktober 2019 legt ein Mann im Jachthafen von Schilksee mit seinem Motorboot ab, um zu den dänischen Inseln zu fahren. Nach Ærø vielleicht? Das wären dreißig Meilen, zwei Stunden Fahrt mit seinem schnellen Boot. Doch dort kommt er nie an. Drei Tage später meldet ihn seine Frau als vermisst. Sofort beginnt eine Suchaktion auf der möglichen Route, und die Polizei findet das Boot kieloben treibend bei Schönberg. Nur der Bug ragt noch aus dem Wasser.

Den Ermittlern vom Kommissariat 11 der Kieler Kriminalpolizei fallen schnell Ungereimtheiten auf. Am gekenterten Motorboot ist manipuliert worden. Es fehlen Schwimmweste und Beiboot. Und als sie den privaten Hintergrund des Vermissten ausleuchten, stellen die Beamten fest, dass er ein Jahr zuvor gleich mehrere Lebens- und Unfallversicherungen abgeschlossen hat – 14 Policen sind es insgesamt, zusammen für 4,1 Millionen Euro. Der Mann ist der Polizei bekannt wegen Kreditbetrugs.

Bis eine vermisste Person für tot erklärt wird, müssen normalerweise fünf Jahre vergehen. Nur bei Unfällen auf See gilt eine verkürzte Frist von sechs Monaten. Im April des Folgejahres wendet sich die Ehefrau des Verschwundenen an die Assekuranzen. Sie bittet um Auszahlung der Versicherungssummen. Dazu kommt es nicht.

Spezialeinsatzkräfte rücken bei der 86-jährigen Mutter des Verschwundenen an und durchsuchen ihr Haus im schleswig-holsteinischen Schwarmstedt. Auf dem Dachboden finden sie den Betrüger. Versteckt hinter einem Stapel Kartons.

MIT BOHRERN UND SÄGEN

Schiffsname: „Principe di Pictor"
Schiffstyp: 25 Meter lange Luxusjacht
Tatzeit: 7. November 1999
Täter: Anwalt Rex K. D.
Position: 50 Meilen vor Neapel, Mittelmeer
Vorgehen des Täters: Selbstversenkung
Angeblicher Schaden: 3,5 Millionen US-Dollar

Hergang: Mit einer Crew von zwei Mann kreuzt der Anwalt Rex K. D. im November 1999 auf seiner luxuriösen Jacht vor der Küste Italiens. Die „Principe di Pictor" ist ein echtes Traumschiff. 1,9 Millionen Dollar hat er für das Schiff bezahlt, mit ein paar cleveren Scheintransaktionen steigert er den Wert auf 3,5 Millionen. Diese Summe steht nun in der Versicherungspolice.
Fünfzig Meilen vor Neapel machen sich Rex K. D. und seine Kompagnons mit elektrischen Bohrern und Sägen ans Werk. Sie schneiden Löcher in den Rumpf. Pech ist bloß, dass die Jacht langsam sinkt. Und dann kommt auch noch ein Boot der italienischen Küstenwache längsseits, um zu helfen. Blitzschnell erfindet der Anwalt eine Geschichte: Ein von ihm angeheuerter russischer Skipper habe auf hoher See das Kommando an sich gerissen, um Drogen mit der Jacht zu schmuggeln. Als der Russe feststellte, dass die „Principe" nicht schnell genug war, um möglichen Verfolgern zu entkommen, habe er versucht, das Schiff zu versenken, und sich im Beiboot davongemacht.
Die italienische Polizei fahndet ohne Ergebnis nach dem angeblichen Meuterer. Überhaupt kommt die Geschichte den Italienern höchst suspekt vor. Warum, zum Beispiel, hat er nicht sofort einen Notruf abgesetzt, als der Russe von Bord war? Doch sie lassen Rex K. D. und seine Leute ziehen.
Die Versicherung der „Principe", die für den Schaden zahlen soll, gibt nicht so schnell auf. Sie heuert einen erfahrenen Ermittler an. Er findet prompt heraus, dass der Anwalt schon drei Jachten „verloren" hat. Beim ersten Mal kamen peruanische Gangster an Bord. Die zweite Jacht rammte ein „unidentifiziertes treibendes Objekt" und sank. Die dritte explodierte, angeblich ein Anschlag, ausgeführt von zwielichtigen Geschäftspartnern.
Die Versicherung stellt einen Antrag vor Gericht, von der Erfüllung der Vertragspflichten befreit zu werden. Der zuständige Richter leitet ein Strafverfahren ein. Rex K. D. geht für siebeneinhalb Jahre ins Gefängnis.

IM ATLANTIK VERSENKT

Schiffsname: „Salem“
Schiffstyp: Rohöltanker
Tatzeit: 17. Januar 1980
Täter: Schiffsmakler und vier Offiziere
Position: Vor der Küste des Senegal
Vorgehen der Täter: Selbstversenkung
Angeblicher Schaden: 56.300.000 US-Dollar

Hergang: In Kuwait lädt der Tanker „Salem“ 194.000 Tonnen Rohöl für einen Kunden in Genua. Doch im südafrikanischen Durban wird ein Großteil der Ladung gelöscht und durch Seewasser ersetzt. Im Atlantik vor der Küste des Senegal funkt die Crew Mayday: Explosion an Bord! Das Schiff sinkt. Ein britischer Tanker nimmt die Besatzung auf, die es rechtzeitig in die Rettungsboote geschafft hat.

Sofort fallen Ungereimtheiten auf. Wieso konnten die Seeleute ihre gesamte Habe – inklusive zollfreier Einkäufe – retten, nicht aber das Logbuch des Schiffs? Und an der Position des Untergangs ist nicht die geringste Ölspur zu sehen. Ermittler weisen schließlich nach, dass der Tanker versenkt wurde, um die Unterschlagung des Öls zu verschleiern. Ein Schiffsmakler und vier Offiziere der „Salem“ werden zu Haftstrafen verurteilt.

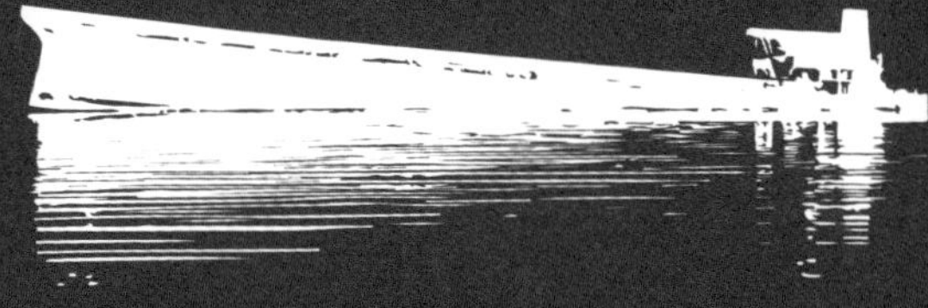

MÖRDER IN DER CREW

Tatort	Segeljacht „Apollonia"
Position	Atlantik, Überfahrt nach Barbados
Tatzeit	13. Dezember 1981
Täter	Paul T. und Dorothea P.
Straftaten	Mord, Beihilfe zum Mord

Auf einer Jacht gibt es kein Entkommen, wenn Crewmitglieder aneinandergeraten. Wut wirkt auf engstem Raum draußen auf See wie ein gefährlicher Sprengstoff. Auf der „Apollonia" kommt es im Dezember 1981 zu einer Explosion.

Der elegante Zweimaster gehört Herbert. Der Spediteur, 36, hat sein Geschäft aufgegeben, alles verkauft und in das Schiff investiert, um in der Karibik einen Charterbetrieb aufzumachen.

Nur versteht er kaum etwas von Seefahrt, seine Freundin Gabriele, 25, eine Kosmetikerin, schon gar nicht. Auf den Kanaren heuern sie daher einen Navigator an: Paul, 25, zuletzt S-Bahn-Führer bei der Hamburger Hochbahn.

Seine Freundin Dorothea, 37, Friseuse, kommt mit an Bord, außerdem zwei zahlende Gäste – die Studenten Dieter, 29, und Michael, 26. Erfahrung für das Abenteuer Atlantikquerung bringt keiner mit. Skipper Herbert ist ahnungslos. Segelmanöver misslingen. Der Navigator verfügt zwar über alle notwendigen Scheine – aber sein Wissen stammt aus dem Lehrbuch, nicht aus der Praxis. Die Männer streiten immer wieder.

18. Tag der Überfahrt: Paul verlangt vom Skipper ein Zeugnis. Er will im nächsten Hafen abmustern. Als sich Herbert weigert, rastet Paul aus. Er nimmt den Bordrevolver und zwingt Herbert, Blanko-Zeugnisse zu unterschreiben. Herbert wehrt sich, Paul schießt.

Er trifft den mitreisenden Studenten Michael in die Brust und Gabriele in den Kopf. Auch Eigner Herbert bekommt einen Schuss ab, er stürzt über die Reling. Dieter muss Gabrieles Leiche über Bord werfen. Michael überlebt, es ist beinahe ein Wunder. Drei Tage später läuft die „Apollonia" in Barbados ein. Den Behörden tischt Paul Lügen über Sturm und Unfälle auf. Niemand schöpft Verdacht. Seine Mitsegler wagen es nicht, die Wahrheit zu berichten.

Erst nach der Rückkehr in Deutschland fliegt das Verbrechen auf. Paul, der Meuterer, wird wegen Mordes zu einer lebenslänglichen Haftstrafe verurteilt. Seine Freundin Dorothea erhält drei Jahre wegen Beihilfe.

KOLUMBIEN

TOD AUF DEM HAUPTDECK

APRIL 2020 + + + CONTAINERFRACHTER „SPIRIT OF HAMBURG" + + + CARTAGENA, KOLUMBIEN

Als der Frachter in den Hafen von Cartagena einläuft, ist der Kapitän ermordet worden. Übel zugerichtet, so findet ihn die Crew. Was ist auf der „Spirit of Hamburg" geschehen?

Kapitän Myo Tun Zaw muss sich bis in den Tod gegen seine Angreifer gewehrt haben. Seine Hände sind zerschnitten, der Körper ist von Blutergüssen gezeichnet. Die Täter umwickeln die Leiche des 50-jährigen Nautikers aus Myanmar mit Klebeband. So lassen sie ihn auf dem Hauptdeck der „Spirit of Hamburg“ zurück. Wurden sie dabei gestört, als sie Myo Tun Zaw über Bord werfen wollten?

Der 254 Meter lange Containerfrachter ist am 18. April gerade eben in den kolumbianischen Hafen von Cartagena eingelaufen; beim Festmachen findet die Crew ihren ermordeten Kapitän. Sie alarmiert die Behörden und die Reederei des Schiffs in Hamburg.

Die Kolumbianer kommen an Bord – erklären sich aber nur für bedingt zuständig. Nach internationalem Seerecht muss bei einem Kapitalverbrechen der Staat die Ermittlungen übernehmen, dessen Flagge das Schiff führt. Also in diesem Fall Großbritannien. Heimathafen des Frachters ist Douglas auf der Isle of Man in der Irischen See.

Also fliegen britische Polizisten ein, um die Crew der „Spirit of Hamburg“ zu verhören, zu der zwölf Seeleute zählen; sie stammen aus Myanmar und Äthiopien. Auf einem Schiff scheint der Kreis möglicher Täter klein: An Bord ist erst einmal nur die Mannschaft. Naheliegend zu vermuten, dass man unter den wenigen Seeleuten den – oder die – Mörder findet. Eine These, die schnell zirkuliert: Der Kapitän wurde an Bord Zeuge eines Drogendeals und musste deshalb sterben. Konkrete Anhaltspunkte gibt es dafür aber nicht.

Bei der Reederei in Hamburg ist man hingegen überzeugt davon, These Nummer zwei, dass die Angreifer von außen auf das Schiff gekommen sein müssen. Piraten? Drogenkuriere? Nur fehlen auch für dieses Szenario jegliche Indizien.

Drei Tage nach dem Mord wird der Platz an der Pier für das nächste Schiff gebraucht. Die „Spirit of Hamburg" wird aus dem Hafen gelotst und auf eine Reede vor der Insel Isla de Tierra Bomba verholt. Psychologen kommen an Bord, um die Crew zu betreuen; die Ermittler setzen ihre Befragungen fort.

Anhand der Aussagen und den Erkenntnissen aus der Gerichtsmedizin rekonstruieren sie einen möglichen Ablauf des Verbrechens und kommen zu dem Schluss, dass es wohl zwei Täter gegeben haben muss. Was sie jedoch bis heute nicht sagen können: Wer Kapitän Myo Tun Zaw ermordet hat.

DAS GEISTER-SCHIFF

Tatort	Küstenmotorschiff „Bärbel“
Position	Nordsee, westlich von Esbjerg
Tatzeit	August 1993
Täter	Andrej L.
Straftaten	Brandstiftung (Mordanklage wegen Mangels an Beweisen fallen gelassen)

Zwei dänische Fischkutter aus Hirtshals stoßen am 18. August 1993 westlich von Esbjerg auf ein führerlos treibendes Küstenmotorschiff. Es ist die „Bärbel“, 90 Meter lang, 1986 in den Niederlanden als Mehrzweckfrachter gebaut. Niemand antwortet auf Funksprüche. An Deck ist niemand zu sehen. Ein Geisterschiff? Die Fischer alarmieren die Behörden. Wenig später stoßen sie auf eine Rettungsinsel. Darin hockt ein Mann, der 28-jährige Russe Andrej L. Er hat eine Tasche mit Geld dabei, insgesamt 60.000 D-Mark. Doch wo sind die anderen Seeleute von der „Bärbel"?

Der Frachter wird nach Esbjerg geschleppt und von Kriminaltechnikern untersucht. Sie finden Spuren eines Massakers. Blut, Haare, Hautreste. Außerdem hat offenbar jemand versucht, verschlossene Schränke zu plündern und danach ein Feuer zu legen. L.s erste Aussage, was sich abgespielt haben soll, lautet denn auch: Es habe einen Brand gegeben und er sei in die Rettungsinsel gestiegen.

Mehr wisse er nicht mehr.

Einen knappen Monat später entdecken niederländische Fischer die Leiche des deutschen Kapitäns Heinrich Telkmanns. Der 50-Jährige aus Haren an der Ems ist offensichtlich Opfer eines Gewaltverbrechens geworden. Die deutsche Polizei übernimmt den Fall. Ein Jahr später, am 5. September 1994, erhebt man Anklage gegen L. Er soll aus Habgier den 50-jährigen Kapitän der „Bärbel" und seine vierköpfige russische Crew ermordet und über Bord geworfen haben, so lautet der Vorwurf.

Vor dem Landgericht in Osnabrück ändert L. seine Aussage. Die „Bärbel" sei mit einer Ladung Raps von London nach Brunsbüttel unterwegs gewesen. Wegen des sehr autoritären Kapitäns habe es Streit gegeben, der schließlich eskaliert sei. Zwei Seeleute hätten gemeutert und Telkmanns sowie zwei weitere Matrosen mit der Axt erschlagen. In Notwehr habe er dann die Angreifer getötet, ebenfalls mit einer Axt. Aus Angst, dass ihm niemand glaubt, habe er die Leichen über Bord geworfen und versucht, Feuer zu legen, um alle Spuren zu beseitigen. Dann sei er in die Rettungsinsel gestiegen. Und das Geld habe er nicht stehlen, sondern den Familien übergeben wollen.

Tatsächlich reichen die Indizien nicht aus, um ihm das Gegenteil zu beweisen. L. wird wegen Brandstiftung zu einem Jahr Gefängnis verurteilt, ausgesetzt zur Bewährung. Er verlässt das Gericht als freier Mann. „Es war das einzig richtige Urteil", sagt sein Anwalt. Ob sein Mandant der Täter war?

„Das weiß nur L. selbst."

BEACON
ISLAND

DIE INSELN DES SCHRECKENS

Horror auf Beacon Island

OKTOBER 1628 + + + OSTINDIENFAHRER „BATAVIA“ + + + BEACON ISLAND

Auf dem Weg nach Fernost strandet die niederländische Galeone „Batavia“ 1629 auf einem Riff vor einer unbewohnten Insel. Der Kommandant segelt mit dem Beiboot 1600 Seemeilen nach Java, um Hilfe zu holen. Sein Stellvertreter bleibt zurück und begeht ein unfassbares Verbrechen.

VON OLAF KANTER

Das Gesetz verlangt schnelles Handeln. Kommandant Francisco Pelsaert stellt ein Gericht aus sieben Männern zusammen. Er selbst übernimmt den Vorsitz, dazu kommen der Kapitän der „Sardam", der Bootsmann und der Bordgeistliche sowie drei Überlebende von der havarierten „Batavia".

Der Kommandant verhört die Meuterer und konfrontiert sie mit den Aussagen ihrer Mitverschwörer. Wo Widersprüche aufkommen, wendet er – wie es das Gesetz vorsieht – Folter an. Ein Trichter wird auf den Mund des Angeklagten gesetzt und mit Wasser gefüllt. Er muss trinken, wenn er wieder atmen will. Bevor der Gefolterte das Bewusstsein verliert, lässt man ihn das Wasser erbrechen. Und beginnt die Prozedur aufs Neue. Grausam, aber effektiv.

Am 28. September 1629 unterzeichnet Jeronimus Cornelisz sein Geständnis. Der Kommandant ruft alle Überlebenden der „Batavia" und die Crew der „Sardam" zusammen und verkündet:

„Jeronimus Cornelisz aus Harlem, Apotheker von Beruf, hat sich aller Menschlichkeit entblößt. Um den Namen der Christenheit von den Taten eines Unholds zu reinigen, wie ihn die Welt noch nicht gesehen hat, ergeht folgendes Urteil: Dem Angeklagten werden die Hände abgehackt, mit Hammer und Meißel, bei lebendigem Leib. Es folgt der Tod durch den Strang."

Es ist die höchste Strafe, die das niederländische Gesetz vorsieht. Und mit dem grausigen Akt ihrer Vollstreckung endet eines der dunkelsten Kapitel in der Geschichte der Seefahrt.

Aus Ermittlungsunterlagen des Kommandanten und den Aufzeichnungen weiterer Überlebender rekonstruieren Historiker[1] Hunderte Jahre später, was sich auf der winzigen Insel vor der Küste Australiens unter der Tyrannei des Jeronimus Cornelisz zugetragen hat. Beacon Island heißt der Flecken auf den Seekarten unserer Zeit. Wer den Namen googelt, findet eine zweite Bezeichnung: „Batavia's Graveyard", Friedhof der „Batavia".

+ + +

Am 29. Oktober 1628 geht die „Batavia" von der Insel Texel aus in See. Die Galeone ist ein mächtiges Schiff, fast sechzig Meter lang und mehr als zehn Meter breit, wie eine Burg ragen ihre Aufbauten aus der See. Die „Batavia" ist brandneu, von der Vereenigde Oostindische Compagnie (VOC) für den Handel mit den Gewürzinseln in Fernost gebaut. Eine Kombination aus Frachter und Fregatte, die keinen Piraten fürchten muss.

Auf der Hinreise stehen Truhen mit Gold und Silber in den Laderäumen, um die begehrten Waren des Ostens zu bezahlen. Tief im Kiel der „Batavia" liegen als Ballast Ziegelstei-

1 Der walisische Historiker Mike Dash hat den Stand der Forschung 2002 zusammengetragen. Viele der hier geschilderten Details stammen aus seinem großartigen Buch: „Batavia's Graveyard: The true Story of the mad heretic who led history's bloodiest mutiny"

ne für den Aufbau der Kolonie, denn die Häuser dort sollen aussehen wie daheim. 322 Menschen sind an Bord: Offiziere, die das Schiff führen, und ihre Crew; Kaufleute und Handwerker auf dem Weg nach Java; und Söldner, die das Schiff und seine wertvolle Fracht schützen sollen.

Doch es transportiert auch die Saat des eigenen Verderbens, nämlich eine unglückliche Konstellation im Personal der Schiffsführung. Kapitän ist Ariaen Jakobsz, ein erfahrener Navigator, der seit einem Jahrzehnt als Offizier auf den Fernost-Routen dient. Die „Batavia" ist das zweite Schiff, das er als Kapitän befehligt.

Auf einer Galeone der VOC ist er als Kapitän allerdings nicht „Master Next God", sondern noch einem Kommandanten unterstellt, der für den wirtschaftlichen Erfolg der Reise verantwortlich zeichnet. Und Profit ist das allererste Ziel der Expedition, die Investoren erwarten eine hundertfache Rendite auf ihren Einsatz. Die Position des „Oberkaufmanns" auf der „Batavia" übertragen sie einem jungen Mann aus Antwerpen namens Francisco Pelsaert, der ihnen einen Zugang zum Hof der Mogulkaiser verschaffen soll. Nach seinen Spezifikationen lassen die Geschäftsleute im Wert von 60.000 Gulden reich verzierte Silberware anfertigen.

Was die Auftraggeber nicht wissen oder möglicherweise als nebensächlich erachten: Oberkaufmann und Kapitän kennen sich von einer früheren Reise. Ariaen Jakobsz ist Alkoholiker und im Rausch ein garstiger Zeitgenosse. Auf einer Fahrt von Indien zurück in die Niederlande kam Pelsaert als Passagier an Bord. Volltrunken beleidigte Jakobsz den jungen Mann, der den Zwischenfall dem Oberkaufmann an Bord meldete. Der Kapitän kam mit einer Rüge davon, aber die Standpauke fraß sich in sein Gedächtnis: Und jetzt soll er unter dem Kommando dieses verhassten Pelsaert segeln?

Der Oberkaufmann hat an Bord einen Stellvertreter, den „Unterkaufmann" Jeronimus Cornelisz, der Emotionen und Ambitionen mitbringt, die mit finster noch freundlich umschrieben sind. Der 30-Jährige stammt aus dem friesischen Leuwarden, seine Eltern gehören einer radikalen Sekte an. Historiker haben Belege, dass Cornelisz im Glauben aufwächst, dass sein Handeln von Gott inspiriert ist. Für ihn gibt es keine Sünde und keine moralischen Grenzen. Er folgt dem Vater und lernt das Handwerk des Apothekers. Um 1627 siedelt er nach Haarlem um und eröffnet sein eigenes Geschäft. Seine Frau Belijtgen bringt einen Sohn zur Welt, der wenige Monate später stirbt. An Syphilis, wie sich herausstellt, und Cornelisz versucht zu beweisen, dass nicht seine Frau den Jungen infiziert hat, sondern die Amme. Die Todesursache des Babys ist ein Skandal, der das Geschäft des Apothekers ruiniert. So heuert er bei den Ostindienfahrern an, um in der Ferne zu erlangen, was ihm in der Heimat verwehrt bleibt: Ansehen und Reichtum.

Es wird, wie damals üblich, eine epische Reise. Mit Sturm gleich auf der Nordsee und Wochen in der Flaute vor der afrikanischen Küste. Bis das Schiff im April 1629 zum Zwischenstopp in Kapstadt einläuft, ist ein Dutzend Männer an Skorbut gestorben.

Beim Halt am Kap statten Offiziere der „Batavia“ anderen vor Anker liegenden Schiffen einen Besuch ab. Weil Kapitän Jakobsz wieder einmal sturzbetrunken randaliert, spricht der Kommandant dem Säufer wegen ungebührlichen Verhaltens einen offiziellen Verweis aus. Die Nachricht macht auf dem Schiff schnell die Runde – und der Hass des Seemanns auf den jungen Kaufmann lodert wieder auf.

Wahrscheinlich hätte er seinen Groll im Zaum halten können, wenn nicht der Unterkaufmann darin seine Chance erkannt hätte. Lässt sich aus der Glut nach der Kränkung ein Feuer entfachen? Cornelisz hat es auf die Schätze abgesehen, die das Schiff transportiert. Er beginnt, auf den Kapitän einzureden. Was wäre, wenn sie den widerwärtigen Kommandanten absetzten und die „Batavia“ unter ihre Kontrolle brächten? Der Apotheker ist ein eloquenter Mann, er versteht es, Menschen für sich zu gewinnen. Jakobsz willigt ein. Die Suche nach Mitverschwörern beginnt.

+ + +

Am 4. Juni 1629 segelt die „Batavia“ mit kräftiger Backstagsbrise Kurs Nordost. Jakobsz lässt auch in der Nacht das volle Tuch stehen, um endlich Meilen zu machen. Da meldet der Ausguck im Krähennest weißes Wasser voraus. Brandung? Der Kapitän winkt ab. Sie haben noch etliche Tage offenes Wasser vor sich. Das ist nur Mondlicht, das sich auf dem Wasser spiegelt.

Nein, ist es nicht.

Strömung und Wind haben die „Batavia" weiter nach Osten versetzt als vom Kapitän berechnet. Mit voller Geschwindigkeit kracht sein Schiff auf ein Korallenriff im Abrolhos-Archipel, keine 50 Seemeilen vor der australischen Küste.

Kapitän und Oberkaufmann erkennen sofort: Die Schäden am Rumpf sind verheerend, ihr Schiff ist nicht zu retten. Ein Glück, dass unweit des Riffs flache Inseln aus dem Meer lugen. Die Crew bringt die Beiboote aus und schafft die Überlebenden an Land. Unseligerweise nimmt der Wind an Stärke zu; Pelsaert und Jakobsz müssen die Bergung wegen starker Brandung über dem Riff abbrechen. Immerhin: 180 Menschen – Soldaten, Handwerker, Frauen und Kinder – haben sie auf eine der Inseln übersetzen können. 50 Mann, darunter die Offiziere der „Batavia" und Oberkaufmann Pelsaert, sind mit den Booten auf einem noch kleineren Eiland gelandet. Weitere 70, darunter Unterkaufmann Cornelisz, harren noch an Bord des Wracks aus. 22 Menschen sind bei der Strandung des Schiffs umgekommen.

Was jetzt? Die größere der Inseln ist schnell erkundet. Es gibt: nichts. Festen Grund unter den Füßen, Seevögel, Robben. Der höchste Punkt der Insel liegt zwei Meter über dem Meeresspiegel, man braucht zwanzig Minuten, um sie einmal zu umrunden. Die Gestrandeten errichten aus Trümmern des Wracks Schutzhütten. Es fehlt ihnen an Proviant, vor allem an Wasser. Sie töten Seevögel, schlachten Robben und trinken jeden Tropfen Blut.

Die Schiffbrüchigen auf dem Wrack leben erst einmal sehr bequem: Sie haben Hunderte Fässer von allem, was auf der Insel fehlt. Sie essen reichlich und bedienen sich aus den Weinvorräten der Offiziere. Denn sie ahnen, dass es mit ihrer Schlaraffenexistenz sehr bald vorbei sein wird. Die Brandung arbeitet stetig daran, das Schiff zu zerlegen.

Neun Tage nach ihrer Havarie bricht die „Batavia" auseinander, und zwar so plötzlich, dass die Wrackbewohner ohne Vorwarnung ins Wasser stürzen. Nur 25 von ihnen schaffen es an Land, unter ihnen ist Unterkaufmann Cornelisz. An den Bugspriet der „Batavia" geklammert, treibt er an den Strand, wo er freudig begrüßt wird: Endlich einer, der Verantwortung übernehmen kann! Denn von Pelsaert, Jakobsz und den anderen Offizieren hat man seit der Strandung nichts mehr gesehen. Wo sind die bloß?

An der öden und leeren Küste Australiens. Oberkaufmann Pelsaert wollte nicht auf eine zufällige Rettung hoffen. Angesichts der kargen Vegetation auf der Insel schwante ihm, dass nicht genug Regen fällt, um die Überlebenden zu versorgen. Also entschied er sich loszusegeln, um Trinkwasser zu finden und Hilfe zu organisieren. Aber er stößt an der nahen Küste des fünften Kontinents nur auf lebensfeindliche Wüste. Keine Siedlung, kein Wasser.

Pelsaert berät sich mit Jakobsz. Sollen sie zurück zur Insel? Oder weiter zum nächsten niederländischen Stützpunkt? Besser gleich weiter. Der Oberkaufmann und die Seeleute von der „Batavia" brechen mit ihrer Nussschale zu einer Fahrt auf, mit der sie eigentlich einen Ehrenplatz in der Geschichte der Seefahrt verdient hätten. Nur steht alles, was sie tun, im Schatten der Gräueltaten, die sich nun unter der Herrschaft von Jeronimus Cornelisz auf Beacon Island abspielen werden.

+ + +

Der Unterkaufmann quartiert sich im besten Zelt ein und lässt sich die Kleidung des Kommandanten bringen. Er stolziert damit über die Insel und demonstriert: Jetzt habe ich das Sagen. Typisch niederländisch, haben die Gestrandeten einen raad gewählt, der Entscheidungen trifft für die Siedlung. Cornelisz übernimmt den Vorsitz des Gremiums und nutzt bald einen Vorwand, um die anderen Ratsmitglieder zu ersetzen – mit Männern, die zum engeren Kreis der Verschwörer zählen. Er will die Meuterei wirklich durchziehen und den Schatz der VOC rauben.

Allerdings kann er noch nicht sicher sein, dass er eine Machtprobe gegen den Rest der Gestrandeten gewinnen würde. Erst muss er die Zahl potenzieller Gegner reduzieren, und das geht er sehr geschickt an: Er schlägt vor, die umliegenden Inseln zu erkunden, um nach Trinkwasser und Proviant zu suchen. Eine Gruppe von 40 Schiffbrüchigen wird nach Osten geschickt, auf einen schmalen Streifen Land, den man „Robbeninsel“ getauft hat. Ein kleinerer Trupp von 15 Leuten wird zu dem südlich gelegenen Inselchen übergesetzt, auf dem Pelsaert und seine Leute ein erstes Camp aufgeschlagen hatten. Im Universum der Schiffbrüchigen ist es nun die „Verräterinsel". Und schließlich wird noch ein Kontingent von 20 Soldaten unter dem Kommando des Söldners Wiebbe Hayes in Marsch gesetzt, um das „Hohe Land" westlich der Robbeninsel zu erforschen, das etwas weiter über den Meeresspiegel hinausragt.

So ist Cornelisz auf einen Schlag 75 Leute los, die seinen Plänen im Weg stehen könnten. Er hat den Kundschaftern zwar zugesagt, dass er ein Boot schicken werde, wenn sie Signalfeuer entfachen. Aber er denkt nicht daran, dieser Verpflichtung nachzukommen.

Jetzt beginnt die nächste Phase seines grausamen Plans: Cornelisz nutzt den raad, um kleinste Vergehen unter den Schiffbrüchigen drakonisch zu bestrafen. Zwei Soldaten haben ohne Erlaubnis Wein aus einem Vorratsfass gezapft? Sie werden sofort hingerichtet. Zwei Schiffszimmerer sollen versucht haben, ein Boot zu stehlen? Wieder ein Fall für Cornelisz' Henker.

Bevor Zweifel an den harten Urteilen aufkommen, erteilt Cornelisz die nächste Order: Die Mannschaften der Kundschafter sollen verstärkt werden. Drei, vier Männer jeweils, damit die Aufgabe schneller erledigt ist. Aber das ist eine tödliche Falle. An den Riemen der Boote, mit denen die Verstärkung zu den Nachbarinseln gerudert wird, sitzen Helfer des Unterkaufmanns.

Sie massakrieren die Passagiere auf halber Strecke.

Dann geschieht, was im Kalkül des Unterkaufmanns nicht vorgesehen ist: Wiebbe Hayes findet Wasser und lässt wie verabredet Signalfeuer lodern. Die Kolonisten der Verräter-

insel, auf der es nichts gibt außer Sand, machen sich mit einem Floß auf den Weg. Cornelisz schickt seine Schergen los, um die Übersiedler abzufangen. Sie werden am Strand der Hauptinsel abgeschlachtet – vor den Augen der Inselbewohner.

Damit ist die Maske des schrecklichen Jeronimus Cornelisz gefallen.

+ + +

Für den Unterkaufmann ist es ein Moment der Befreiung: Er muss fortan keine Vorwände mehr finden, wenn er töten will. Wer sich ihm anschließt, darf leben; wer sich nicht uneingeschränkt loyal zeigt, muss sterben, oder noch schlimmer: damit rechnen, dass Cornelisz Angehörige meuchelt. Wie im Fall des Söldners Hans Hardens aus Dithmarschen. Weil er den Mann auf Linie bringen will, gibt Cornelisz Order, Hardens' sechsjährige Tochter Hilletgie zu töten. Die elf Patienten im Krankenzelt: eine Verschwendung von Proviant. Der Unterkaufmann lässt sie im Schlaf abstechen. Wie auch die fünf Männer, bei denen sich Symptome des Skorbuts zeigen. Krank zu werden, ist im Reich des Jeronimus Cornelisz ein Todesurteil.

Am 15. Juli befiehlt er die nächste Attacke – auf die 45 Siedler der Robbeninsel. Sie hungern seit Wochen und sind extrem geschwächt. Am ersten Tag werden sechzehn Männer und Jungen ermordet, vier Frauen verschleppt. In einer zweiten Angriffswelle am 18. Juli töten die Meuterer den

Rest. Nur einen Jungen lassen sie leben; sie zwingen ihn, zwei seiner Kameraden umzubringen.

Und so geht es weiter. Ein Baby, das nachts schreit – vergiftet. Die Familie des Bordgeistlichen – ausgelöscht. Der Buchhalter – mit der Axt erschlagen.

Dann geht ein Mordversuch schief: Der Barbier entkommt seinen Angreifern. Im Schutz der Nacht stiehlt er ein Floß und paddelt zum Hohen Land hinüber. Jetzt weiß Wiebbe Hayes, was Jeronimus Cornelisz anrichtet, und der Soldat bereitet sich auf einen Angriff vor. Denn er ist sicher, dass der Unterkaufmann kommen wird, ja: kommen muss. Um zu verhindern, dass Hayes die Besatzung eines Hilfsschiffs vor Cornelisz warnt.

+ + +

Die Retter sind unterwegs. Kommandant und Kapitän haben es in ihrem offenen Kutter tatsächlich bis nach Java geschafft. Am 9. Juli 1629 berichtet Oberkaufmann Pelsaert dem Gouverneur der niederländischen Kolonie, was auf der Reise widerfahren ist: das Schiff verloren, die meisten Menschen gerettet, und vor allem: die Schätze des VOC gesichert. Pelsaert erhält den Auftrag, mit dem Handelsschiff „Sardam" zurückzusegeln und zu retten, was zu retten ist.

Für Kapitän Ariaen Jakobsz endet die Reise in Batavia. Es ist unklar, was Kommandant Pelsaert über die geplante Meuterei und die Rolle des Kapitäns in der Verschwörung weiß, als er in Java an Land geht. Doch er muss den Seemann umgehend angezeigt haben. Jakobsz wird festgenommen und in den Kerker der Festung gebracht, den er bis an das Ende seiner Tage nicht mehr verlassen wird.

Jeronimus Cornelisz folgt seinem Plan derweil mit skrupelloser Konsequenz und lässt weiter morden: Zwei Schiffszimmerer – erdolcht. Die Mutter der erwürgten Hilletgie – mit ihrem Haarband stranguliert. Der Netzmacher – geköpft. Der Bordchirurg – mit einer Lanze durchbohrt.

Ein Problem aber bleibt Cornelisz: die Präsenz der Soldaten auf dem Hohen Land. Wiebbe Hayes kann alle weiteren Pläne vereiteln; er muss zum Schweigen gebracht werden. In der letzten Juliwoche schickt der Tyrann seine zuverlässigsten Leute zur Nachbarinsel. Wo sie nicht auf ausgehungerte, verzweifelte Gestalten treffen, sondern auf gut organisierte Kämpfer. Die Meuterer erkennen, dass sie nichts ausrichten können, und kehren zu ihren Booten zurück.

Am 5. August erfolgt die zweite Attacke. Nur versteht Cornelisz nichts von militärischer Taktik und befiehlt erneut den Frontalangriff auf die Stellungen am Strand. Mit demselben frustrierenden Resultat: Seine Truppe will sich nicht auf einen Kampf einlassen, der große Verluste bedeuten würde.

+ + +

Cornelisz spürt den Zeitdruck. Er muss jeden Tag mit der Ankunft eines Hilfsschiffs rechnen. In wahnhafter Selbstüberschätzung seiner Fähigkeiten setzt er am 2. September selbst mit großem Gefolge zum Hohen Land über. 37 seiner Leute harren auf einer vorgelagerten Sandbank aus, nur mit fünf Vertrauten als Bodyguards tritt der Unterkaufmann vor Hayes und dessen Männer. Er bringt Geschenke, Kleidung und Wein, und schwört, dass man künftig friedlich zusammenleben werde. Mit seinen Adjudanten hat er verabredet, dass sie gleichzeitig unter den Bewohnern des Hohen Lands zirkulieren und jedem Geld anbieten, der sich auf ihre Seite schlägt.

Hayes und seine Truppe lassen Cornelisz und seine Büttel reden, aber sie sind immun gegen deren Lügen und Verlockungen. Denn sie haben genau zugehört, was Augenzeugen vom Leben unter dem Tyrannen berichten. Auf ein Kommando von Hayes schlagen die Verteidiger zu – sie überwältigen und fesseln ihre Gegner. Der Rest der Meuterer, draußen bei den Booten, stürmt los, aber Hayes agiert blitzschnell und lässt den Gefangenen die Kehle durchschneiden. Nur Cornelisz bleibt verschont, als Geisel sozusagen, und um ihn später der Gerichtsbarkeit zu überstellen. Schockiert ziehen sich die Meuterer zurück.

Für ihren Rachefeldzug bestimmen sie Wouter Loos als Anführer, einen Soldaten aus Maastricht. Er lässt zwei Musketen ins Boot laden, die man aus dem Wrack geborgen hat, als er am 17. September zum Hohen Land übersetzt. Zwar braucht man nach jedem Schuss eine Minute zum Nachladen, doch Loos feuert aus der Distanz auf die Stellungen von Hayes.

Da erscheinen Segel am Horizont: Es ist die „Sardam".

Oberkaufmann Pelsaert lässt in sicherem Abstand zu den Untiefen Anker werfen und das Beiboot ausbringen. Weil er hofft, viele Überlebende an Bord zu nehmen, ist er mit kleiner Crew gekommen. Die Meuterer sehen es und wittern ihre Chance, das Schiff zu kapern. Doch Wiebbe Hayes ist schneller bei Pelsaert und kann ihn warnen. Mit knappem Vorsprung gelangt der Oberkaufmann zurück auf sein Schiff – gerade rechtzeitig, um Drehbassen und Musketen auf die näher kommenden Meuterer zu richten. Als er droht, das Feuer zu eröffnen, ergeben sich die Angreifer. Pelsaert lässt sie in Eisen legen und unter Deck bringen.

Noch am Nachmittag des 17. Septembers beginnt der Oberkaufmann mit dem Verhör der Meuterer. Gleich der Erste, Jan Hendricxsz, ein Soldat aus Bremen, gesteht zwanzig Morde. Wenige Stunden später hat Pelsaert ein grobes Bild: Mehr als drei Monate Terror. 120 Tote.

Hayes bringt den Gefangenen an Bord. Und Oberkaufmann Pelsaert beginnt die Vernehmung von Jeronimus Cornelisz.

+ + +

John Lort Stokes, Kapitän der Royal Navy, sichtet das Wrack der „Batavia" bei Vermessungsarbeiten im April 1846. Er kennt die Berichte über den Verlust der Galeone und tauft den unwirtlichen Flecken vor der Küste Australiens auf den Namen Pelsart Island. Sein Fund gerät in Vergessenheit, bis ein australischer Hummerfischer 1963 meldet, dass er im Abrolhos-Archipel ein Schiff entdeckt habe. Archäologen untersuchen, was von der „Batavia“ und der Siedlung der Schiffbrüchigen übrig geblieben ist. Bei ihren Ausgrabungen stoßen sie immer wieder auf Knochen im Grund, sehr viele Knochen. Wie zuletzt 2015, als ein Seevogel einen Zahn aus dem Boden scharrt. Die Forscher legen das Skelett eines jungen Manns frei; zwischen seinen Rippen liegt die Kugel einer Muskete.

Was die Archäologen nicht gleich deuten können: warum die Überreste der Toten von einer dichten schwarzen Masse umgeben sind. Eine Analyse des Materials zeigt, dass es sich dabei um abgestorbene Wurzeln handelt. Die Forscher fügen der unfassbar grausamen Geschichte des Jeronimus Cornelisz einen kuriosen Epilog hinzu: Die Verwesung der Leichen setzte Nährstoffe frei, die es im Boden der unfruchtbaren Insel vorher nicht gab.

Für eine Dekade nach den Morden blühte auf dem Friedhof der „Batavia“ das Leben.

MÖRDER
AHOI!

Schiff oder Bohrinseln sind das ideale Habitat für Mörder: ringsherum nichts als Wasser, ihre Opfer können nicht entkommen, niemand kann ihnen helfen. Man sollte sich also genau überlegen, bei wem man an Bord geht. Wie lebensgefährlich die falsche Gesellschaft sein kann, zeigen diese mörderisch spannenden Thriller.

1

DAS GEHEIMNIS DER ORPLID

Produktionsland: Deutschland · **Erscheinungsjahr:** 1950 · **Länge:** 1:31 h · **Regisseur:** Helmut Käutner · **Hauptfiguren:** Reporter Peter Zabel · (Horst Caspar), Malerin Leata, Überlebende von der „Orplid" (Bettina Moissi) · **Schauplatz:** Luxusjacht „Orplid", in Bremen für einen NSDAP-Funktionär gebaut (Vorbild war die „Carin II" Hermann Görings)

Handlung: Der Journalist Peter Zabel stößt auf eine Meldung, die seine Neugier weckt: Die deutsche LuxusJacht „Orplid", einst für einen hohen Nazi-Funktionär gebaut, ist auf einem Törn nach Schottland gesunken. Er beginnt zu recherchieren und findet heraus, dass der Steward noch kurz vor der Abreise ersetzt wurde. An seiner Stelle ging ein FBI-Agent an Bord, um einen Waffenhändler unter den Passagieren zu beobachten. Auf hoher See übernahm die Jacht von einem Frachter noch einen weiteren Fahrgast, der in seinem Gepäck eine Bombe auf die „Orplid" schmuggelt. Eine sensationelle Story – aber als Zabel seinem Chefredakteur davon berichtet, nimmt der Plot eine dramatische Wende.

GEFÄHRLICHE ÜBERFAHRT

Originaltitel: „Dangerous Crossing“ · **Produktionsland:** USA · **Erscheinungsjahr:** 1953 · **Länge:** 1:15 h · **Regisseur:** Joseph M. Newman · **Hauptfiguren:** Passagierin Ruth Bowman (Jeanne Crain), Stewardess Anna Quinn (Mary Anderson), Schiffsarzt Paul Manning (Michael Rennie) · **Schauplatz:** Passagierdampfer auf der Reise von New York nach Europa

Handlung: Frisch verheiratet, gehen die reiche Erbin Ruth Bowman und ihr Mann John auf Hochzeitsreise: auf einem Luxusdampfer von New York über den Atlantik. Sie stellen noch ihr Gepäck in der Kabine ab – und dann verschwindet John plötzlich. Als Ruth sich an die Crew wendet, will die nichts von einem Ehemann wissen, der sie begleitet haben soll. Sie ist als alleinreisend unter ihrem Mädchennamen in einer Einzelkabine gebucht. Der Kapitän lässt das Schiff durchsuchen, aber von einem John Bowman keine Spur. Die offenbar geistig verwirrte Passagierin kommt in die Obhut des Schiffsarztes, der sie mit Medikamenten ruhigstellen soll. Gibt es denn niemanden an Bord, der ihre Geschichte glaubt?

2

3

MÖRDER AHOI!

Originaltitel: „Murder Ahoy!“ · **Produktionsland:** Großbritannien · **Erscheinungsjahr:** 1964 · **Länge:** 1:29 h · **Regisseur:** George Pollock · **Hauptfiguren:** Miss Marple (Margaret Rutherford), Inspektor Craddock (Charles Tingwell), Kapitän Rhumstone (Lionel Jeffries) · **Schauplatz:** auf dem Segler „HMS Battledore“

Handlung: Als ihr Onkel stirbt, erbt Miss Marple seinen Sitz im Aufsichtsrat der „Stiftung zur Besserung der Jugend“, die ein Segelschulschiff betreibt. Gleich bei der ersten Sitzung kippt ein Vorstandsmitglied um und stirbt. Herzschlag! Aber das glaubt Marple natürlich nicht. Und tatsächlich: Im Schnupftabak des Opfers findet die Detektivin Gift. Die Lösung des Falls, da ist sie sich sicher, liegt auf dem Schiff. An Bord kommt Marple hinter ein Geheimnis der jungen Crew. Aber sie ist nicht schnell genug, um eine Eskalation der Ereignisse zu verhindern. Fun Fact: Gedreht wurde auf dem britischen Internatsschiff „Arethusa“, das vorher unter dem Namen „Peking“ für die Hamburger Laeisz-Reederei gefahren war. 2020 wurde die legendäre Viermastbark wieder in ihren Heimathafen Hamburg verholt – als Museumsschiff.

SPRENGKOMMANDO ATLANTIK

Originaltitel: „North Sea Hijack" · **Produktionsland:** Großbritannien · **Erscheinungsjahr:** 1979 · **Länge:** 1:39 h · **Regisseur:** Andrew V. McLaglen · **Hauptfiguren:** Leiter eines Sonderkommandos, Rufus Excalibur ffolkes (Roger Moore), Gangster Lou Kramer (Anthony Perkins) · **Schauplatz:** Versorgungsschiff und Bohrinseln in der Nordsee

Handlung: Gangster kapern ein Versorgungsschiff der Ölplattformen in der Nordsee. An zwei Bohrinseln bringen sie Haftminen an, um die britische Regierung zu erpressen: 25 Millionen Pfund, oder die Plattformen werden gesprengt. Ein exzentrischer Millionär namens Rufus Excalibur ffolkes, der für solche Fälle ein Sonderkommando ehemaliger Marinesoldaten der Royal Navy trainiert, bekommt den Auftrag, die Verbrecher zu stoppen. Der Mann wird von Roger Moore gespielt, damals im Hauptberuf als James Bond unterwegs, und der Plot erinnert stark an seine 007-Filme: Böse Menschen sitzen an Zündschaltern, die in letzter Sekunde ausgeschaltet werden müssen. Es fliegen Helikopter, es fallen Bomben, und am Ende gibt es einen lässigen Spruch des Helden und eine überraschende Belohnung der Premierministerin.

4

5

TODESSTILLE

Originaltitel: „Dead Calm" · **Produktionsland:** Australien, USA · **Erscheinungsjahr:** 1989 · **Länge:** 1:36 h · **Regisseur:** Phillip Noyce · **Hauptfiguren:** Ehepaar Rae (Nicole Kidman) und John Ingram (Sam Neil), Schiffbrüchiger Hughie Warriner (Billy Zane) · **Schauplatz:** Segeljacht auf dem Pazifik

Handlung: Der australische Marineoffizier John Ingram und seine Frau Rae segeln mit ihrer Jacht auf dem Pazifik. Sie stoßen auf einen havarierten Schoner und bergen den einzigen Überlebenden der Katastrophe, die sich an Bord abgespielt haben muss. Hughie Warriner heißt der Mann, und er faselt etwas von einer Lebensmittelvergiftung, an der die gesamte Crew gestorben sein soll. Während Warriner schläft, rudert Ingram zum Havaristen, um sich selbst ein Bild zu machen. Er findet die Leichen der Besatzung – und die ist eindeutig nicht vergiftet, sondern ermordet worden. Ingram rudert zurück, um Rae zu warnen, doch der Psychopath Warriner hat sie bereits überwältigt und steht am Steuer der Jacht. Ingram kehrt zu dem wracken Schoner zurück, und es gelingt ihm, den Motor anzuwerfen. Wird er den irren Mörder stellen können? Was kann seine Frau unternehmen? Aberwitzig spannendes Segeldrama.

»AUF EINEM
ATOM-U-BOOT DER
ROYAL NAVY KOMMT
EIN SONAREXPERTE
UMS LEBEN –
UNMITTELBAR NACH
DEM RÄTSELHAFTEN
VERSCHWINDEN EINES
TRAWLERS.
EINE ERMITTLERIN GEHT
AN BORD –
UND WENIG SPÄTER DAS
BOOT AUF TIEFE.«

KREUZFAHRT INS JENSEITS

Originaltitel: „Voyage" / „Cruise of Fear" · **Produktionsland:** USA · **Erscheinungsjahr:** 1993 · **Länge:** 1:26 h · **Regisseur:** John Mackenzie · **Hauptfiguren:** Ehepaar Catherine und Morgan Norvel (Rutger Hauer und Karen Allen) und Ehepaar Ronnie und Gil Freeland (Connie Nielsen und Eric Roberts) · **Schauplatz:** Segeljacht auf dem Mittelmeer

Handlung: Der Architekt Morgan Norvel hat auf Malta die Ruine eines baufälligen Hotels gekauft, das er restaurieren möchte. Mit seiner Frau Catherine will er von Monte Carlo zur Insel segeln und während der Arbeiten auf der Jacht leben. Kurz vor der Abfahrt trifft das Paar auf Gil Freeland, den Catherine von der Highschool kennt, und dessen Frau Ronnie. Doch die Passagiere hegen einen mörderischen Plan.

6

7

DOPPELMORD

Originaltitel: „Double Jeopardy" · **Produktionsland:** Deutschland, Kanada, USA · **Erscheinungsjahr:** 1999 · **Länge:** 1:45 h · **Regisseur:** Bruce Beresford · **Hauptfiguren:** Libby Parsons (Ashley Judd), ihr Ex (Bruce Greenwood), ihr Bewährungshelfer (Tommy Lee Jones) · **Schauplatz:** US-Westküste, San Francisco

Handlung: Als Libby Parsons auf der Segeljacht aufwacht, ist ihr Mann Nick verschwunden. Ihre Kleidung ist blutverschmiert, Blutspuren führen nach oben an Deck, neben der Koje liegt ein Messer. Genau so wird sie von der Küstenwache gefunden. Libby wird wegen Mordes verurteilt – die zwei Millionen Dollar aus der Versicherung ihres Manns sind für die Geschworenen ein hinreichendes Motiv. Sie bittet ihre beste Freundin Angie, ihren Sohn Matty zu adoptieren, damit er gut versorgt ist. Bei einem Anruf aus dem Gefängnis hört Libby, wie Matty mit seinem „Daddy" spricht. Nick lebt! Mit Angie – und dem Geld der Versicherung. Im Knast hört sie, dass man für dasselbe Verbrechen nie zweimal bestraft werden kann. Dann hat sie doch jetzt einen Mord gut, oder?

DER TALENTIERTE MR. RIPLEY

Originaltitel: „The Talented Mr. Ripley" · **Produktionsland:** USA/Italien · **Erscheinungsjahr:** 1999 · **Länge:** 2:19 h · **Regisseur:** Anthony Minghella · **Hauptfiguren:** Hochstapler Tom Ripley (Matt Damon), Fabrikantensohn „Dickie", Greenleaf jr. (Jude Law), dessen Freundin Marge Sherwood (Gwyneth Paltrow) · **Schauplatz:** Mongibello bei Neapel, auf einem Motorboot in der Bucht von Sanremo, auf einem Passagierdampfer nach Athen

Handlung: Als Vorlage dient ein Roman der amerikanischen Meisterin des Psychothrillers, Patricia Highsmith. Fabrikant Greenleaf beauftragt Tom Ripley, nach Europa zu reisen, um seinen Sohn Dickie zur Rückkehr zu überreden. Ripley findet Gefallen am sorgenfreien Leben des US-Jetsets in Italien – und er hat keine Skrupel, über Leichen zu gehen und selbige im Meer zu versenken, um sich seinen Platz auf dem Sonnendeck zu sichern. Warnung: Dieser Film ist nichts für Menschen, die gerne zuschauen, wie das Gute über das Böse siegt.

8

9

HIJACKING – IN DER HAND VON PIRATEN

Originaltitel: „Kapringen" · **Produktionsland:** Dänemark · **Erscheinungsjahr:** 2012 · **Länge:** 1:39 h · **Regisseur:** Tobias Lindholm · **Hauptfiguren:** Smutje Mikkel Hartmann (Pilou Asbæk), Reederei-Chef Peter Ludvigsen (Søren Malling), Pirat Omar (Dar Salim) · **Schauplatz:** an Bord des Containerfrachters „Rozen", Zentrale der Reederei in Kopenhagen

Handlung: 2007 und 2008 kapern somalische Piraten zwei dänische Frachter, die „Danica White" und die „CEC Future". Die Besatzungen kommen erst nach monatelangen Verhandlungen frei. Ihr Schicksal hat Regisseur Lindholm zu seinem Film inspiriert, den er wie eine Doku angelegt hat: Auf dem Weg nach Mumbai wird die „Rozen" überfallen, die Piraten verlangen Lösegeld. Aber wie verhandelt man mit Verbrechern, die aus einer ganz anderen Welt kommen? Die Reederei taktiert – und die Piraten drohen, den Smutje zu erschießen. Spoiler: Es wird kein Happy End geben. Ist ja auch ein dänischer Film und kein Streifen aus Hollywood.

RIG 45

Produktionsland: Schweden · Erscheinungsjahr: 2018 · **Länge:** zwei Staffeln, jeweils sechs Folgen à 0:45 h · **Regisseur:** Per Hanefjord (erste Staffel), Aku Louhimies (zweite Staffel) · **Hauptfigur:** Versicherungs-Ermittlerin Andrea (Catherine Walker) · **Schauplatz:** fiktive Ölbohrinsel 45 in der Nordsee

Handlung: Kurz vor Weihnachten kommt es auf einer Ölplattform von Benthos Oil zu einem tödlichen Unfall. Die Versicherung schickt eine Ermittlerin, Andrea, um den Fall zu untersuchen, aber die Crew ist bei der Aufklärung nicht gerade hilfsbereit. Ein Orkan zieht auf, alle Verbindungen zur Außenwelt reißen ab. Da passiert der nächste „Unfall". Andrea und die Arbeiter auf der Plattform wissen jetzt: Es ist ein Mörder unter ihnen. Und es dauert nicht lange, bis er sich das nächste Opfer holt.

10

11

VIGIL – TOD AUF HOHER SEE

Originaltitel: „Vigil" · **Produktionsland:** Großbritannien · **Erscheinungsjahr:** 2021 · **Länge:** sechs Episoden von jeweils 1:00 h · **Regisseur:** James Strong, Isabelle Sieb · **Hauptfiguren:** Kriminalpolizistin Amy Silva (Suranne Jones), Steuermannsmaat Elliot Glover (Shaun Evans), Kommandant Neil Newsome (Paterson D. Joseph), Sonarmaat Matthew Doward (Lorne MacFadyen) · **Schauplatz:** auf dem britischen Atom-U-Boot „Vigil"

Handlung: Auf dem Atom-U-Boot „Vigil" der Royal Navy kommt ein Sonarexperte ums Leben – unmittelbar nach dem rätselhaften Verschwinden eines Trawlers. Detective Chief Inspector Amy Silva von der schottischen Polizei wird mit dem Helikopter auf dem U-Boot abgesetzt, das sofort wieder auf Tauchstation geht. Aus Gründen nationaler Sicherheit darf es nicht in einen Hafen einlaufen für die Ermittlungen. Die Crew unterstützt die Polizistin nur widerwillig, um es diplomatisch auszudrücken. Wenig später schrillt Alarm durchs Schiff: Eine Notabschaltung des Reaktors, das U-Boot sackt unkontrolliert in die Tiefe weg. Und das alles schon in der ersten Episode. Bitte anschnallen für eine Fahrt mit der Adrenalin-Achterbahn!

DIE TODES-FÄHRE

Tatort	Fähre „Scandinavian Star“
Position	Skagerrak, Überfahrt von Oslo nach Frederikshavn
Tatzeit	7. April 1990
Täter	ungeklärt
Straftat	Brandstiftung mit Todesfolge

Das Schiff ist 19 Jahre alt und hat schon viele Aufgaben gehabt. Sie war als Postschiff eingesetzt, als Kreuzfahrer, zuletzt als schwimmendes Casino in der Karibik. Als sie am 7. April 1990 mit 383 Passagieren und 99 Mann Besatzung an Bord in Oslo losfährt, ist die „Scandinavian Star“ eine Fähre im Pendeldienst. Von der norwegischen Hauptstadt geht es nach Frederikshavn an der Nordspitze von Dänemark.

Um 1.55 Uhr schrillt Feueralarm durchs Schiff: Ein Stapel mit Bettwäsche und Matratzen brennt. Ein Passagier greift beherzt zum Feuerlöscher und verhindert Schlimmeres. Doch nur fünf Minuten später heulen die Sirenen erneut, wieder ist es Brandstiftung. Dieses Mal ist niemand zur Stelle, der die Flammen erstickt. Das Feuer greift schnell um sich. Und dann geht so ziemlich alles schief, was schiefgehen kann: Der Alarm erreicht nicht alle Passagiere. Viele haben keine Kabine gebucht, um Geld zu sparen, sondern schlafen im eigenen Campinganhänger oder im Wohnmobil auf dem Autodeck. Die Besatzung ist aus verschiedenen Nationalitäten zusammengewürfelt, ohne eine gemeinsame Sprache. Was noch schlimmer ist: Brandabwehr haben Offiziere und Crew nie ausreichend geübt. Sie haben nie die Rettungsboote zu Wasser gelassen. Brandschutztüren werden nicht geschlossen, Belüftungssysteme nicht abgeschaltet – der Kamineffekt lässt das Feuer rasend schnell auf andere Decks übergreifen.

Kapitän Hugo Larsen funkt um 2.26 Uhr Mayday und ordnet an: Alle in die Rettungsboote! Eine schwedische Fähre ändert ihren Kurs und ist schon eine Viertelstunde später bei dem Havaristen. Leider gibt Larsen offenbar zu früh das Signal, dass alle von Bord sind, und bringt sich selbst in Sicherheit. „Warum sollte ich auf der Brücke bleiben und sterben?", fragt er später. Als die schwedische Feuerwehr gegen 5.30 Uhr im Schiff vorrückt, stößt sie auf Überlebende. Wurde wirklich alles unternommen, um Crew und Passagiere zu retten? 159 Menschen kommen in dieser Nacht auf der „Scandinavian Star" ums Leben. Die Ermittler gehen von Brandstiftung aus, unter den Toten ist ein vorbestrafter Brandstifter. Doch Rechtsmediziner sagen: Der Mann starb schon früh an einer Rauchvergiftung und war zu betrunken, um die Feuer gelegt zu haben. Später melden sich Zeugen, die gesehen haben wollen, wie der Obermaschinist einen Umschlag mit Geld annahm. Haben Mitglieder der Crew vorsätzlich Feuer gelegt? Ist das Ganze ein groß angelegter Versicherungsbetrug? Beweise, die für eine Anklage reichen, finden die Ermittler nicht. Das Verfahren wird eingestellt.

Als 2014 ein ehemaliger Brandinspektor behauptet, Hinweise auf mögliche Täter zu haben, rollt man den Fall neu auf. Wieder sichten Ermittler Zigtausende Dokumente und befragen Zeugen in 18 Ländern. Sie finden: nichts. Zwei Jahre später verkündet der Polizeichef von Oslo, dass der Fall endgültig zu den Akten kommt. Das Rätsel, wer das Feuer auf der „Scandinavian Star" legte, bleibt ungelöst. Kapitän Larsen, der Besitzer der Fähre und dessen Geschäftsführer müssen sich wegen der massiven Sicherheitsmängel an Bord verantworten. Urteil: jeweils sechs Monate Haft.

KECON
NAUTILUS
DÄNEMARK
SCHWEDEN

MORD AUF DER „NAUTILUS“

OKTOBER 2020 + + + U-BOOT „NAUTILUS“ + + + ORESUND, KOPENHAGEN, DÄNEMARK

Die schwedische Journalistin Kim Wall möchte den genialen Raketenkonstrukteur Peter Madsen interviewen. In Kopenhagen geht sie an Bord seines selbst gebauten U-Boots. Zehn Tage später werden Teile ihrer Leiche gefunden. Die Ermittlungen bringen die Polizei an ihre Grenzen – bis ein Meeresforscher den entscheidenden Hinweis liefert.

VON OLAF KANTER

+++ 20. Oktober 2020: Haftanstalt Herstedvester +++

Ein Wohnviertel in Albertslund im Westen Kopenhagens. Die Straße ist abgeriegelt, überall Polizei, rot-weißes Flatterband. Auf einem Grünstreifen sitzt der Häftling, der soeben aus der 400 Meter entfernt gelegenen Haftanstalt Herstedvester ausgebrochen ist. Rund um den Mann liegen Beamte des dänischen Sondereinsatzkommandos auf dem Bauch, ihre Waffen auf den Mann gerichtet, der einen Bombengürtel trägt.

Da melden die Boulevardblätter „Ekstra Bladet" und „BT" schon, dass es sich bei dem Flüchtling um den derzeit prominentesten Gefängnisinsassen Dänemarks handelt: Peter Madsen, der Raketenbauer, vor drei Jahren wegen Mordes an der Journalistin Kim Wall zu lebenslanger Haft verurteilt.

Ein Jahr lang hatte er die Flucht vorbereitet. Als vorbildlicher Häftling bekam er Privilegien in der Werkstatt. Dort bastelte er aus Gips eine Pistole; die Details der Waffe, eine halbautomatische Beretta, hatte er sich in der TV-Serie „Myth-Busters" abgeguckt. Den Sprenggürtel fertigte er aus Batterien, Kabeln und Knetmasse. Auch sehr überzeugend.

Er nahm eine Geisel, die Psychologin der Haftanstalt, und gelangte so aus dem streng gesicherten Gefängniskomplex. Als er einen Lieferwagen kapern wollte, war die Polizei mit einem Großaufgebot zur Stelle. Vor Gericht sagt er später:

Er wollte zum Hafen, ein Boot stehlen und über die Ostsee verschwinden.

+ + + 9. August: Rückschlag für Raketenbauer Madsen + + +

„Peter Langkjær Madsen (*12. Januar 1971) ist ein dänischer Konstrukteur", so beginnt sein Wikipedia-Eintrag. Sohn eines Zimmermanns, Kindheit auf Seeland, Abitur, abgebrochenes Ingenieursstudium. Er bringt sich selbst bei, was er wissen und können will. Mit Crowdfunding finanziert er den Bau seines U-Boots „Nautilus". Knapp 18 Meter lang, das größte je von einem Privatmann konstruierte U-Boot.

Gleichzeitig tüftelt er an Triebwerken für Raketen. 2008 gründet er den Verein Copenhagen Suborbitals. Er will Astronauten von Dänemark aus in die Erdumlaufbahn bringen. Schon zwei Jahre später schleppt er eine schwimmende Startplattform mit seinem U-Boot auf eine Position vor Bornholm. Seine Konstruktion kommt gleich beim ersten Versuch auf eine Höhe von 2,8 Kilometern.

Es folgen weitere erfolgreiche Tests, doch er trennt sich im Streit von seinem Verein und gründet ein neues Unternehmen: Raketmadsens Rumlaboratorium. 2017 ist ein Start seiner neuen Rakete geplant. Leider haben die dänischen Behörden für den gewünschten Termin schon den Copenhagen Suborbitals eine Startfreigabe erteilt. Die Konkurrenten müssen sich einigen, wer an diesem Tag zum Zug kommt. Am 9. August wünscht Madsen den anderen einen guten Start. Es ist sein Eingeständnis, dass er noch nicht so weit ist.

Am Tag darauf textet er der schwedischen Journalistin Kim Wall, dass er bereit sei, sie für das angefragte Interview zu treffen. Sie lebt gar nicht weit von seiner Werkshalle entfernt, zusammen mit ihrem Lebensgefährten, dem Designer Ole Stobbe.

Die 30-Jährige ist fasziniert von dem charismatischen Tausendsassa, dem es anscheinend jederzeit mühelos gelingt, freiwillige unbezahlte Helfer und finanzstarke Investoren für seine Vorhaben zu gewinnen. Seine Idee klingt aberwitzig und doch grundsympathisch: Madsen möchte beweisen, dass es keine Milliarden braucht, um Raumfahrt zu betreiben. Im Prinzip, sagt er, reicht das Sortiment, das man im Baumarkt findet. Auf Spiegel.de nennen sie Madsen „Däne Düsentrieb“, nach dem genialen Erfinder aus dem Comic-Universum des Donald Duck.

Kim Wall, 1987 in Trelleborg geboren und aufgewachsen in Malmö, hat nach ihrem Master in Journalismus nicht fest bei einer Redaktion angedockt. Sie erarbeitet sich schnell einen guten Ruf als freie Autorin, schreibt für die „New York Times“, den „Guardian“ und „Time“. Für den 10. August haben sie und ihr Freund zu einer Grillparty geladen – sie wollen Abschied nehmen, bevor sie in Kürze nach China übersiedeln.

Die Einladung von Peter Madsen kommt daher eigentlich ungelegen. Aber ohne ihre Einstellung zum Job wäre sie als Reporterin nie so weit gekommen. Erst die Arbeit, dann die Party. Madsen lädt sie zu einer Rundfahrt mit seinem U-Boot ein. Als er die „Nautilus“ gegen 19 Uhr von Kopenhagen auf den Øresund hinaussteuert, macht ein Passagier des Kreuzfahrtschiffs „Aida Bella“ ein Foto: Er wundert sich: Dänemark hat doch gar keine U-Boote mehr, oder? Sein Foto zeigt Peter Madsen und Kim Wall auf dem Turm der „Nautilus“; ihr Haar weht im Wind. Die Reporterin schickt ihrem Freund eine SMS: „Ich lebe übrigens noch – aber wir gehen runter! Ich liebe dich!!!!!! Er hat Kaffee und Kekse mitgebracht.“

Er, das ist Peter Madsen, der die „Nautilus“ jetzt auf einen Tauchgang vorbereitet. Es ist das letzte Lebenszeichen von Kim Wall.

+++ 11. August 2017: U-Boot sinkt. Madsen gerettet +++

Ole Stobbe ahnt, dass etwas passiert sein muss. Dass seine Freundin die eigene Abschiedsparty verpasst, ist für ihn nicht vorstellbar. Sie meldet sich auch nicht auf dem Handy. Gab es Probleme mit dem U-Boot? Um 1.43 Uhr meldet Stobbe seine Freundin bei der Polizei als vermisst, wenig später alarmiert er auch die Marine. Noch in der Nacht beginnt die Suche. Helikopter steigen auf und kämmen den Øresund ab, Schiffe fahren Suchraster. Nichts, keine Spur der „Nautilus“.

Das U-Boot taucht erst am nächsten Morgen wieder auf, südlich von Kopenhagen, in der Køge Bugt. Angler in einem Motorboot beobachten, dass der Skipper des seltsamen Gefährts offenbar Probleme hat. Hektisch steigt er noch einmal durch das Turmluk hinab, und als er wieder herauskommt, sinkt es sehr schnell. Peter Madsen wird aus dem Wasser gefischt und an Land gebracht. Wenig später gibt er dem TV-Sender TV2 ein Interview: „Mir geht es gut, aber ich bin traurig, dass die ‚Nautilus' gesunken ist", sagt er. Ein Malheur mit einem Ventil des 8000-Liter-Ballasttanks. 30 Sekunden, und weg war das U-Boot.

Aber wo ist seine Passagierin, wo ist Kim Wall? Die habe er am Vorabend wieder im Hafen abgesetzt, behauptet Madsen, wie vereinbart. Die zuständige Staatsanwältin beantragt dennoch einen Haftbefehl – ein Tötungsdelikt sei nach bisherigem Erkenntnisstand nicht auszuschließen. Madsen wird festgenommen.

Die Kopenhagener Polizei bitte die Marine um Amtshilfe bei der Bergung des U-Boots. Taucher steigen sofort zu dem Havaristen hinab und schauen durch die Bullaugen ins Innere: Wall scheint tatsächlich nicht an Bord zu sein. Ein Schiff mit Spezialkran wird angefordert, denn es braucht kräftiges Geschirr, um das gut 30 Tonnen schwere U-Boot zu heben, in das noch einmal geschätzte 38 Tonnen Seewasser geströmt sind.

Kriminalbeamte finden eine Überwachungskamera, die genau die Stelle an der Pier im Fokus hat, an der Madsen die Reporterin abgesetzt haben will. Die Ermittler spielen das Video mehrmals ab: kein U-Boot, keine Kim Wall. Jetzt ändert der Raketenbauer seine Geschichte. Bei der Anhörung vor dem Haftrichter gibt er nun an, er habe Wall wegen eines Unfalls nicht wieder an Land bringen können. Beim Aufstieg im Turm sei ihr die 70 Kilo schwere Luke auf den Kopf gefallen. Er habe gleich gesehen, dass ihr nicht mehr zu helfen sei.

Warum er keinen Notruf abgesetzt habe, fragt der Richter.
Sein Funkgerät sei defekt gewesen, erwidert Madsen.
Wieso habe er das Unfallopfer dann nicht sofort an Land gebracht?
Weil er in seiner Panik sofort eine Seebestattung vorgenommen habe.

Es beginnt der Teil der Ermittlungen, der für alle Beteiligten zermürbend wird: die Suche nach den sterblichen Überresten von Kim Wall. Taucher der Marine kämmen den Meeresboden auf der möglichen Route des U-Boots ab. Aber es fehlt ihnen die Auswertung der Radarüberwachung, die jede Schiffsbewegung im Øresund verfolgt. Sie wissen nicht, wo sie suchen müssen.

Gleichzeitig wird das U-Boot gehoben, aus einer Tiefe von sieben Metern. „Kein Mensch war an Bord, nicht lebend und nicht tot", sagt der Chef der Mordkommission, Jens Møller Jensen. Aber seine Kriminaltechniker finden Spuren von Blut, viel Blut – obwohl die „Nautilus" zu diesem Zeitpunkt schon drei Tage von Seewasser geflutet war.

+++ 21. August 2017: Radfahrer findet Leiche +++

Ein Radfahrer entdeckt am Ufer des Øresunds einen Gegenstand im Spülsaum, der wie ein menschlicher Körper aussieht. Oder wenigstens wie ein Teil davon. Im Bericht der Gerichtsmedizin steht: unbekleideter Torso einer jungen Frau. Kopf, Arme und Beine sind abgetrennt, wahrscheinlich mit einer feinzahnigen Säge. Außerdem ist der Unterleib übersät mit Einstichen und Schnitten, 17 zählt der Pathologe. Ein DNA-Abgleich beweist: Es ist die Leiche von Kim Wall.

Trotzdem steht die Mordkommission vor einem Problem. Am Torso allein lässt sich nicht feststellen, wie die Reporterin zu Tode gekommen ist. Die Ermittler müssen unbedingt die fehlenden Körperteile finden, vor allem den Kopf, um Madsens Angaben zu überprüfen und gegebenenfalls widerlegen zu können.

Immerhin bekommen die Ermittler nun von der schwedischen Verkehrsüberwachung detaillierte Daten, wo das U-Boot abtauchte und wo es an die Oberfläche zurückkam. Madsen steuerte demnach von der Hafeninsel Refshaleøen erst auf den Øresund hinaus, wo er einen kurzen Tauchgang unternahm. Dann fuhr er in Richtung Südosten, bis er südlich der Insel Amager nach rechts in die Køge Bugt abbog, um ein paar Stunden auf Tiefe zu gehen. Nach dem Auftauchen steuert er das Boot im Kreis – und versenkt seine „Nautilus".

Polizei und Minentaucher tasten sich an eine Materie heran, mit der sie es noch nie zu tun gehabt haben: Wie findet man eine Tote, die am Meeresgrund liegt? Chefermittler Møller Jensen bittet schwedische Kollegen um Amtshilfe, die gute Erfahrung mit Leichensuchhunden gemacht haben. Die Hunde sind darauf trainiert, Gase zu riechen, die bei der Verwesung entstehen. Mit den Spürhunden im Schlauchboot fahren die Ermittler Madsens Route ab. Die Hunde schlagen an. Taucher gehen an der Position ins Wasser. Und finden: nichts. Haben sich die Hunde geirrt? Welchen Einfluss haben Strömung und Wind auf die Ausbreitung der Gase?

In seiner Ratlosigkeit fragt Kommissar Møller Jensen in der Gerichtsmedizin an, ob man ihm eine Leiche „leihen" könnte, für ein Experiment. Natürlich nicht! Aber er bekommt Tücher, die mit Leichenflüssigkeit getränkt sind. Um die Hunde zu testen, versenkt er einen Sack mit dem Material im Meer. Lange fahren die Polizisten Kreise um die Position. Schließlich bellen die Hunde – 200 Meter von der Stelle entfernt, wo der Sack am Grund liegt!

Die Strömungsverhältnisse im Øresund ändern sich ständig, abhängig von der Wetterlage über Ost- und Nordsee. Die Frage, in welche Richtung das Wasser am Tag des Mordes strömte und wie stark, können Møller Jensen und seine Kollegen nicht beantworten. Sie ziehen den Ozeanografen Torben Vang von der Universität Aarhus hinzu, der mit dem Forschungsschiff „Aurora" gerade in Kopenhagen festgemacht hat. Vang fertigt Tabellen an von den Bedingungen, die zur Tatzeit geherrscht haben müssen. Mit diesen Daten machen sich die Taucher wieder ans Werk.

+++ 3. Oktober 2017: Kriminaltechniker untersuchen Madsens Computer +++

Parallel läuft die Untersuchung von dem Computer, der in Madsens Werkstatt stand. Was steckt in den Dateien, die er gespeichert hat? Welche hat er gelöscht? Welche Stichworte in Suchmasken eingegeben? IT-Experten sieben mit einem Katalog von Begriffen durch jede Datei.

Was sie entdecken, verändert den Lauf der Ermittlungen: Auf dem Rechner sind Videos gespeichert, die zeigen, wie Frauen gefoltert werden. Hinrichtungen. Leichenschändung. Sind diese Grausamkeiten wirklich geschehen? Staatsanwalt Jakob Buch-Jepsen sagt der Presse, dass man die Videos für authentisch halte.

Die IT-Techniker weisen nach, dass von Madsens Computer um 0.35 Uhr in der Nacht zum Donnerstag, also etwa 18 Stunden, bevor er mit Kim Wall an Bord der „Nautilus" ging, ein Foltervideo gestreamt wurde. Belegt dieses Material, dass Madsen abartige sexuelle Fantasien hegt? Dass er Lust empfindet, wenn Frauen leiden? Das würde eine wichtige Lücke in den Ermittlungen schließen. Madsens Motiv.

Psychologen untersuchen den Verdächtigen. Ihr Gutachten attestiert Madsen narzisstische und psychopathische Züge. Er sei „pervers und schwer sexuell abweichend".

+ + + 6. Oktober 2017: Taucher bergen Kopf in der Køge Bugt + + +

Dank der Berechnungen des Meeresforschers finden die Marinetaucher am 6. Oktober eine mit Klebeband umwickelte und mit Gewichten beschwerte Plastiktüte. Es ist die orangefarbene Jacke der Toten. Wenig später entdecken sie ein Bein, dann das zweite. Und schließlich den Kopf der Reporterin. Chefermittler Jens Møller Jensen präsentiert das Ergebnis der Gerichtsmediziner: Ein Gebissabgleich beweist, dass es Kim Wall ist. Aber man habe keine Fraktur des Schädels feststellen können. „Es gibt auch keine Anzeichen von stumpfer Gewalt“, stellt Møller Jensen klar. Womit die nächste Lüge des Peter Madsen widerlegt ist. Nicht der Lukendeckel hat Kim Wall getötet.

Male an den Beinen der Toten beweisen vielmehr, dass sie gefesselt war, als sie starb. Im Sack stecken Stücke von Gepäckgurten. An einer Bank im U-Boot finden die Kriminaltechniker dasselbe, ein Zoll breite Gurtbänder. Sie legen die Schnittkanten aneinander. Treffer.

Fünf Tage später fördern die Taucher die Säge zutage, mit der die Leiche zerstückelt wurde, einen Fuchsschwanz mit orangefarbenem Griff. Møller Jensen schreibt später in seinen Erinnerungen: „Er hatte die Säge auf das Boot gebracht, unmittelbar nachdem er sich mit der Journalistin verabredet hatte.“ Denn auf den Bildern einer TV-Crew, die am selben Tag in der Werkstatt gefilmt hatte, hing die Säge noch an der Wand. Danach fehlt sie dort.

Madsen ändert seine Erzählung ein weiteres Mal. Nun soll Kim Wall unten im Schiff an einer Vergiftung mit Kohlenmonoxid gestorben sein, während er oben an Deck gewesen sei. Weil der die Leiche nicht am Stück durch die Luke bekommen habe, behauptet er, habe er sie zerteilen müssen.

Am 21. November holen die Taucher auch die Arme vom Grund der Ostsee. Kommissar Møller Jensen notiert in seinem Rückblick: „Jetzt konnte die Familie des Opfers endlich einen vollständigen Menschen zu Grabe tragen.“

+ + + 25. April 2018: Madsen wegen Mordes zu lebenslanger Haft verurteilt + + +

Knapp zwei Monate braucht das Gericht in Kopenhagen, um die Fakten zu sichten. Der Angeklagte sagt am letzten Prozesstag, ihm tue das alles „sehr, sehr leid". Aber es sei ein tragischer Unfall gewesen. Madsens Anwälte fordern tatsächlich einen Freispruch.

Das Gericht kommt zu einem anderen Schluss. Der Angeklagte habe die Journalistin an Bord gelockt, gefesselt, mit Werkzeug sexuell missbraucht, als sie noch am Leben war. Ihr die Kehle durchgeschnitten oder sie erdrosselt und sie zerstückelt, um den Leichnam ins Meer zu werfen. Dann habe er sein U-Boot versenkt, zur Beseitigung der Spuren.

Richterin Annette Burkø nennt die Tat „einen zynischen und geplanten sexuellen Übergriff und einen besonders brutalen Mord an einer zufällig ausgesuchten Frau". Dafür verhängt sie die Höchststrafe, die das dänische Rechtssystem für besonders schwere Verbrechen vorsieht, lebenslang Gefängnis. Normalerweise, so hatte Staatsanwalt Buch-Jepsen in seinem Plädoyer zuvor erklärt, werde diese Strafe nicht für einen einzelnen Mord ausgesprochen, aber Peter Madsen sei auch „kein normaler Mensch".

+ + + 1. Juni 2018 – Kim Wall in Schweden beigesetzt + + +

Zehn Monate nach Kim Walls Tod laden die Eltern Verwandte und enge Freunde zur Beisetzung ein. Auch Kripo-

chef Jens Møller Jensen, der während der monatelangen Ermittlungen ein enges Verhältnis zur Familie aufgebaut hat, reist zur Trauerfeier nach Schweden. Die Eltern haben ein Haus am Strand, nicht weit von Trelleborg entfernt. Møller Jensen ist berührt von der „Kraft der Familie und ihrer Entschlossenheit, am Leben festzuhalten". Sie haben ihre Trauergäste gebeten, in heller Kleidung zu kommen. Unten am Wasser setzen sie aus Strandsteinen ein Herz zusammen und den Namen ihrer Tochter: „Kim Wall, in Liebe".

NORD-
IRLAND
IRLAND

SIEBEN

JUNI 1828 + + + BRIGG „MARY RUSSELL“ + + + AUF DEM ATLANTIK VOR IRLAND

Es ist einer der spektakulärsten Kriminalfälle in der Geschichte der Seefahrt: Kurz vor dem Heimathafen Cobh setzt die irische Brigg „Mary Russell“ 1828 ein Notsignal: An Bord sind sieben Männer der Crew ermordet worden. Und der Täter ist auch noch stolz darauf.

VON OLAF KANTER

Gut dreihundert Seemeilen vor der irischen Küste, es ist der 23. Juni 1828, macht Robert Callendar, Kapitän des kanadischen Schoners „Mary Stubbs", eine befremdliche Beobachtung: Voraus segelt eine Brigg trotz bestem Wind mit stark gerefftem Tuch. Als er näher herankommt, erkennt er das Schiff: Es ist die „Mary Russell" aus Cobh, und ihr Kapitän William Stewart ist sogar ein guter Bekannter. Sonderbar: Er hat die Flagge am Heck verkehrt herum gesetzt, mit der Gösch nach unten. Das ist eines der weltweit anerkannten Signale für einen Seenotfall.

Callendar bringt sein Schiff längsseits und ruft nach der Crew der „Mary Russell". Nach einer Weile erscheint Kapitän Stewart an Deck und schreit: „Um Gottes willen, so kommen Sie mir doch zu Hilfe!"

Callendar setzt eilig über und klettert an Bord der „Mary Russell", wo ihn Stewart empfängt und sogleich in seine Kabine führt. Callendar hat Stewart als gewissenhaften, ausgeglichenen Offizier kennengelernt, der sein Schiff ohne drakonisches Strafregiment führt. Ein Familienmensch, tiefreligiös. Nichts hat den Kanadier vorbereitet auf den Anblick, der sich ihm jetzt bietet: Im Quartier des Kapitäns liegen sieben Leichen, allesamt an Augbolzen im Boden gefesselt, die Schädel anscheinend mit einer Axt eingeschlagen. Noch verstörender aber ist der Kommentar Stewarts: „Bin ich nicht ein tapferer Kerl, dass ich allein so viele Männer erledigt habe?"

Es sei Notwehr gewesen, erklärt Stewart, die Crew habe eine Meuterei geplant. Sie habe das Schiff in ihre Gewalt bringen und die Fracht rauben wollen. Nur die Schiffsjungen und ein Passagier, der elfjährige Sohn des Reeders, seien auf seiner Seite gewesen und hätten ihm geholfen.

Als Callendar wieder an Deck steht, kommen noch zwei Überlebende des Massakers aus ihrem Versteck, beide sind ebenfalls übel zugerichtet. William Smith, der Erste Offizier, blutet aus zahlreichen Stichwunden, und er hat ein Auge verloren. Der Matrose John Howes hat wie durch ein Wunder drei Pistolenschüsse aus nächster Nähe überlebt.

Callendar versucht gar nicht erst zu verstehen, was sich zugetragen hat. Er lässt die schwer verletzten Männer auf sein Schiff bringen und befiehlt einer Abordnung seiner Crew, die „Mary Russell" und ihren Kapitän sicher in den Hafen von Cobh zu bringen. Doch kurz vor dem Ziel springt Stewart ohne Vorwarnung über Bord. Callendars Crew reagiert geistesgegenwärtig und rettet den offensichtlich verwirrten Mann. Wenig später versucht er es erneut. Diesmal holen ihn Fischer aus dem Wasser. Sie bringen ihn an Land und übergeben ihn der irischen Küstenwache.

Im Hafen von Cobh macht die Nachricht von der Bluttat schnell die Runde. Auch der Theologe William Scoresby, der sich in jungen Jahren als Walfangkapitän und Polarforscher einen Namen gemacht hat, hört von dem unglaublichen Vorfall. Begleitet von seinem Schwager, einem Friedensrichter in Cork, geht er an Bord der „Mary Russell" und ist der Erste, der die Überlebenden nach ihrer Version des Hergangs befragt. Scoresby schreibt später ein Buch[2] über die dramatischen Vorfälle; ihm verdanken wir die detaillierte Schilderung des Hergangs.

Im Winter 1827 war die Brigg mit einer Ladung Maultiere von Irland nach Barbados gesegelt, zwei Stallburschen waren zusätzlich angeheuert worden, um sich auf See um die Tiere zu kümmern. Nachdem die Maultiere verkauft waren, verstaute die Crew die Fracht für die Heimreise in den Laderäumen: unter anderem Zucker und Tierfelle. Als Passagier ging außerdem der irische Seemann James Raynes an Bord, der auf einem anderen Schiff wegen Trunkenheit seines Postens als Erster Offizier enthoben worden war.

Kapitän Stewart, so berichten es die Überlebenden, habe schon bald nach der Abreise im Mai 1828 ein besorgniserregendes Verhalten an den Tag gelegt. Blass sei er gewesen, kränklich habe er gewirkt, weil er keinen Schlaf mehr habe finden können. Jede Nacht habe ihn derselbe grässliche Albtraum geweckt, soll er den Schiffsjungen anvertraut haben. In diesem Traum verschworen sich seine Männer, angeführt von dem Trunkenbold Raynes, zur Meuterei.

Stewart habe diese nächtlichen Visionen als Warnung von Gott interpretiert und bald auch am Tage vermeintliche Indizien für einen bevorstehenden Aufstand gesehen: James Raynes, der ständig auf Irisch mit der Crew sprach, was Ste-

---

2 Wiliam Scoresby: „Memorials of the Sea“, 1835. Das vierte Kapitel ist dem Schicksal der „Mary Russell und ihrer Crew gewidmet. Der Wiener Schriftsteller Alexander Pechmann hat nach dieser Vorlage einen spannenden Roman geschrieben: „Sieben Lichter“, 2017 bei Steidl erschienen.

wart nicht verstand. John Howes, der dauernd drängte, Stewart möge ihn doch in das Handwerk der Navigation einweisen. Warum? Weil er in der Lage sein wollte, das Schiff ohne den Kapitän zu segeln? Und der Erste Offizier, William Smith, der nachts während seiner Wache unter Deck verschwand, vorgeblich, um eine Lampe instand zu setzen. Da war doch etwas im Gange!

Der Kapitän orderte seine vermeintlich letzten Vertrauten, die Schiffsjungen und den Sohn des Reeders, in seiner Kabine zu schlafen. Zu seiner Verteidigung legte er eine Axt und ein Stemmeisen neben sein Bett. Um der Crew zu zeigen, dass sie ohne ihn nicht an ihr Ziel kommen würden, warf er Seekarten und Navigationsinstrumente über Bord. Und er ließ die Segelfläche so weit verkleinern, dass er die „Mary Russell" allein mithilfe der Schiffsjungen manövrieren konnte.

Am 18. Juni, also schon kurz vor dem Ziel der Reise, verdrängte die Paranoia des Kapitäns den letzten Rest an Beherrschung. Er verlangte von seiner Crew, dass man den Ersten Offizier in Fesseln legte und in einen Verschlag unter Deck sperrte. William Smith ließ es sogar geschehen, um eine Eskalation der Lage zu verhindern.

Doch dafür war es längst zu spät.

Am Tag darauf lockte Stewart die Männer seiner Crew mithilfe der Schiffsjungen einen nach dem anderen in seine Kabine, wo er sie an Eisenringe fesselte, die er am Boden angebracht hatte. Nur der Matrose John Howes musste eine Ahnung gehabt haben, was ihm bevorstand. Es gelang ihm, die Stricke zu lockern und zu lösen, doch als er fliehen wollte, zog Stewart eine Pistole und schoss. Howes wurde dreifach getroffen, konnte jedoch entkommen.

Der Kapitän machte sich umgehend an die Umsetzung seines blutigen Vorhabens. Er nahm sein Stemmeisen und schlug die Gefangenen in seiner Kabine bewusstlos. Dann griff er zur Axt und hackte auf ihre Schädel ein, bis alle tot waren. Durch die Holzdecke über dem Loch, in dem der Erste Offizier hockte, stocherte er mit der Harpune nach William Smith. Nach den ersten Stichen, die den Gefangenen das Augenlicht kosteten, duckte sich dieser. Die Lanze fuhr mehrfach in die Stapel mit Tierhäuten. Stewart glaubte, auch Smith erledigt zu haben, und ließ von seinem Opfer ab.

Von den Schiffsjungen ließ er sich eine deftige Mahlzeit auffahren, gepökeltes Fleisch und Rum. Mit den Füßen im Blut, feierte er den Erfolg seiner Mission. Zufrieden zündete er sich eine Pfeife an. Das eigene Leben gerettet. Die Reederei vor dem Verlust des Schiffs bewahrt.

Zwei Tage später kam die „Mary Stubbs" längsseits, und Kapitän Callendar kletterte an Bord. Am 4. August 1828 wird in Cork Mordanklage gegen William Stewart erhoben, eine Woche später beginnt der Prozess. Ein medizinischer Gutachter attestiert dem Kapitän „Monomanie", er sei von einer fixen Idee getrieben worden und habe die Tat in geistiger Umnachtung begangen. Staatsanwalt und Verteidigung sind sich deshalb in ihren Forderungen einig: nicht schuldig. Stewart wird zu einer lebenslangen Unterbringung in einer Anstalt für geisteskranke Straftäter verurteilt.

Er verbringt den Rest seines Lebens hinter Gittern und Mauern, mit den Schatten seiner schrecklichen Tat. Es heißt, an guten Tagen habe er sich die Zeit damit vertrieben, Schiffsmodelle zu bauen und die Bibel zu lesen. Diesen friedlichen Phasen folgen gelegentliche psychotische Episoden. Während eines dieser Ausbrüche tötet er einen seiner Pfleger.

William Stewart stirbt 1873 in der geschlossenen psychiatrischen Anstalt in Dundrum bei Dublin. Im Alter von 98 Jahren.

DIE MUTTER

Tatort Fähre „Stena Spirit“
Position Ostsee, Fahrt von Gdynia bei Danzig nach Karlskrona in Schweden
Tatzeit 29. Juni 2023
Täter Paulina S.
Straftat Mord

Als Nachrichtenagenturen die Meldung verbreiten, spüren viele, die sie lesen, eine Beklemmung. Ein kleiner Junge ist von Bord einer Fähre mitten auf der Ostsee gefallen. Als seine Mutter es bemerkt, springt sie hinterher. Ein verzweifelter Akt, ihren Sohn zu retten. Welch ein Mut! In der ersten Meldung heißt es auch, dass beide den Fall aus großer Höhe überlebt haben sollen.

Ist auf der Ostsee ein Wunder geschehen, möglich durch die unglaubliche Courage dieser Frau? Beide sollen auf der Intensivstation eines Krankenhauses liegen.

Jede Mutter, jeder Vater zuckt beim Lesen zusammen, denn sofort stellt sich die Frage: Was hätte ich getan? Wie würde man mit einer solchen Notlage umgehen und intuitiv entscheiden?

Doch kurz darauf nimmt der vermeintliche Unfall eine tragische, eine böse Wendung. Mutter und Sohn sterben in einem schwedischen Krankenhaus an den Folgen des Sturzes. Und es handelt sich keineswegs um ein Unglück.

Sondern um einen kaltblütig geplanten Mord mit anschließendem Suizid.

29. Juni 2023, an Bord der Fähre „Stena Spirit", auf dem Weg von Gdynia bei Danzig nach Karlskrona im Süden Schwedens. Auf dem Oberdeck genießen Passagiere den Sonnenschein. Auch Paulina S. (36) mit ihrem kleinen, geistig behinderten Sohn, der in einem Rollstuhl sitzt.

Videoaufnahmen einer Überwachungskamera zeigen das Verbrechen: Die Frau steht ruhig auf, nimmt das Kind auf den Arm – und wirft den Jungen dann über die Reling! Die anderen Reisenden sind starr vor Entsetzen. Die Frau klettert ebenfalls über die Absperrung und springt aus großer Höhe in die Ostsee. Sie verschwindet in den Wellen. Alarm! Rettungskräfte sind schnell mit Booten vor Ort, auch deshalb, weil in der Nähe Streitkräfte der NATO üben. Es gelingt den Rettern, die Körper aus der See zu ziehen. Beide sterben einige Stunden später in der Klinik, in die man sie flog.

Ermittlungen der Staatsanwaltschaft Danzig ergeben, was hinter diesem Verbrechen steckt, das die Menschen in Polen und Schweden schockt. Die Polin zog ihren Sohn, der unter anderem an einer schweren Form von Autismus litt, alleine auf. Und sie war damit zunehmend überfordert. Mehrfach wechselte sie den Wohnort, vermutlich aber auch, um sich den besorgten Mitarbeitern des Jugendamtes zu entziehen. Unter anderem die Mitarbeiterinnen eines Kindergartens hatten sich an die Behörden gewandt. Die Frau tauchte unter.

Der Verdacht, der sich im Laufe der Untersuchungen erhärtet: Paulina S. zog sich zunehmend aus der Gesellschaft zurück. Wochenlang ersann sie den Plan, auf dem Meer mit ihrem Kind aus dem Leben zu gehen.

Und setzte ihn dann auf der beliebten Fährverbindung um.

NORD-
AMERIKA
SÜDAMERIKA
ROBERT „BULLY“ WATERMAN

CAPTAIN WATERMAN

JULI 1851 + + + KLIPPER „CHALLENGE" + + + REISE VON NEW YORK CITY NACH SAN FRANCISCO

Als die Kapitäne noch gottgleich auf ihren Schiffen regierten, fuhr manchmal der Teufel in Uniform mit. Die Jungfernfahrt der „Challenge" zeigt: Manchmal eskalierten die Dinge bis zum Äußersten

VON STEFAN KRUECKEN

Der Kapitän ist ein Star, und er versteht es, seinen Auftritt zu zelebrieren. Er trägt einen hohen Zylinderhut und einen scharf gebügelten Gehrock, als er sich zum Heck der „Challenge" rudern lässt, wo er an einer Jakobsleiter hochsteigt.

Robert „Bully" Waterman, Mitte 40, wurde berühmt und wohlhabend, weil er für die Passage eines Klippers von China nach New York lediglich 74 Tage benötigte. Eigentlich ist er schon im Ruhestand, doch die Reederei lockte ihn mit einer Belohnung an Bord ihres Neubaus. Sollte es Waterman gelingen, die „Challenge" in weniger als 90 Tagen um Kap Hoorn nach San Francisco zu segeln, dann würde ihm eine Prämie von 10.000 Dollar zustehen. Umgerechnet auf den heutigen Wert entspricht das knapp 380.000 Euro.

New York City, nahe des Battery Park am südlichen Zipfel von Manhattan, es ist der 13. Juli 1851: Am Ufer des Hudson warten Tausende, um eine Jungfernfahrt zu bestaunen. Der Klipper „Challenge" zählt zu den größten Segelschiffen seiner Art. Was die Zuschauer aus der Entfernung nicht erkennen können: An Bord torkeln betrunkene Seeleute übers Deck. Und einige sind nicht mal Matrosen. Sie springen kurz nach Ablegen ins Wasser oder klettern in Begleitboote.

In den Kojen unter Deck liegen Männer, die man in Hafenkneipen abfüllte, um sie an Bord zu tragen. Viele wurden „shanghait", denn es gibt in New York zu wenige Matrosen. Hunderte Schiffe haben in den vergangenen Wochen den

Hafen verlassen. Der Mangel an Fachpersonal führt dazu, dass in vielen Häfen der USA „crimps" ihr Unwesen treiben, gewissenlose Heuerhaie, die Seeleute betrunken machen oder mit Gewalt an Bord von Schiffen treiben. Überliefert ist die Anekdote eines Kapitäns, der nach einer wilden Nacht in einer Kneipe von New Orleans in der Koje eines fremden Schiffes aufwacht. Zum Glück noch rechtzeitig vor der Abfahrt, denn dies gibt ihm Gelegenheit, seine Identität zu beweisen.

Von knapp sechzig Seeleuten an Bord der „Challenge", die um Kap Hoorn segeln muss, das gefürchtete Kap der Stürme, beherrscht nur jeder Zehnte einfachste Grundkenntnisse. Die Hälfte der Crewmitglieder ist noch niemals gesegelt; einige Taugenichtse heuerten nur an, um eine kostenlose Passage an die Goldküste Kaliforniens zu erhalten. Andere wurden kurz zuvor aus dem Gefängnis entlassen. Auch Auswanderer aus Italien, Deutschland und Frankreich sind dabei. Sie suchen ihr Glück und das Gold des Westens und sind bereit, dafür alles zu riskieren. Mit diesem trostlosen Haufen soll es Waterman in Rekordzeit ums Sturmkap und in die Golden Gate Bay schaffen?

Als New York hinter dem Horizont verschwunden ist, lässt er alle Mann an Deck antreten und sich einen mit Seewasser gefüllten Eimer bringen. Er spritzt es sich nach Aussagen von Augenzeugen ins Gesicht, was signalisieren soll, dass er die Persönlichkeit, die er an Land lebte, abwäscht und er nun einen neuen Charakter annimmt. Der neue Waterman aus dem Wassereimer ist düster und gewalttätig. Er maßregelt

einen farbigen Steward für ein angebliches Fehlverhalten – und ritzt ihm vor versammelter Mannschaft mit einem Schnitzmesser die Kopfhaut auf. Und das ist erst der Anfang.

Je länger das Schiff Richtung Süden segelt, desto brutaler wird das Regime des Kapitäns an Bord. Besonders sein Erster Offizier, ein stämmiger Kerl namens James Douglass, ist weithin als Schläger berüchtigt. Er malträtiert die Crew bei ihrer gefährlichen Arbeit mit Holzscheiten und schlägt Seeleute immer wieder zusammen, wenn ihm das Tempo der Arbeit nicht schnell genug erscheint. Nach vier Wochen auf See ist die Stimmung an Bord der „Challenge" so aufgeheizt, dass eine Meuterei droht.

Ein Pulk von Matrosen greift Douglass an, dem es aber mit Unterstützung des herbeigeeilten Kapitäns gelingt, die Attacke trotz einiger leichter Verletzungen abzuwehren. Acht Seeleute werden schließlich eingesperrt. Waterman lässt sie entkleiden, festbinden und auspeitschen. Was zu diesem Zeitpunkt auf US-Schiffen laut Gesetz längst verboten ist.

Als das Schiff die „Roaring Forties" erreicht, wie der Ozean zwischen dem 39. und 50. Breitengrad wegen der brüllenden Stürme genannt wird, gibt Waterman der Crew Befehl, an Deck anzutreten. Die Seeleute sollen trotz des Sturms und schwerer See ein gefährliches Manöver in der Takelage ausführen. Wenig später stürzt ein Matrose schreiend in den Ozean. Der Kapitän unternimmt nicht einmal den Versuch, ein Rettungsboot zu Wasser zu lassen.

Der Tod ist ein zuverlässiger Begleiter auf den großen Segelschiffen. Auch auf Klippern, die gut geführt werden, geschehen regelmäßig Unfälle. Besonders in schwerem Wetter kommt es vor, dass Seeleute über Bord gehen. Alte Matrosen, deren Kräfte schneller nachlassen, sind besonders gefährdet. Der Verlust von Leben gehört also zum Alltag der Matrosen. Die Kombination aus menschlicher Kälte und unmenschlicher Härte aber, mit denen Waterman und Douglass reagieren, erzürnt die Crew. Ihre Wut steigert sich allmählich zu Hass.

Mit jedem Tag, der vergeht, nimmt auch die Bösartigkeit Watermans zu. Er prügelt die Seeleute nicht nur. Immer wieder drückt er einen mit dem Kopf in das Wasser, das durch die Leespeigatten abfließt, bis nahe ans Ersticken. Waterman nennt es „Taufe". Als ein alter italienischer Matrose namens Papaw, der keine Schuhe besitzt und unter Frostbeulen an den Füßen leidet, nicht zur Arbeit erscheint, lässt ihn der Kapitän holen. Papaw versteht kein Englisch, er kann also gar nicht antworten. Voller Angst reißt er sich los und flüchtet in seine Koje. Douglass folgt ihm und fällt in einem Wutanfall über ihn her. Er schlägt ihn immer wieder ins Gesicht und auf die Rippen. Zeugen berichten von einem furchtbaren Anblick des Schwerstverletzten. Der Kapitän – anscheinend nun doch von seinem schlechten Gewissen geplagt – bringt Wein und Wasser. Doch es ist zu spät. Der Matrose ist tot.

Dass die „Challenge" nach 108 Tagen auf See in den Hafen von San Francisco einläuft, erscheint unter diesen Umständen erstaunlich. Zwischenzeitlich kommen nur noch eine Handvoll Seeleute zur Wache, der Rest ist verletzt, krank

oder völlig verängstigt. Kapitän Waterman verpasst seine Prämie, doch ihn erwarten in San Francisco ganz andere Probleme. Der Zielhafen ist überfüllt. Erst zwei Tage nach der Ankunft kann die „Challenge“ an der Kai in der Pacific Street festmachen – und weil der Kapitän und der Erste Offizier für die Ladung haften, sind sie weiterhin Gefangene ihres Schiffs. Einige Crewmitglieder sind längst an Land und berichten in den Kneipen und Unterkünften vom Horror und den erlebten Qualen.

Als Waterman endlich von Bord gehen will, ist das Schiff von Booten umringt. Ein Mob wütender Seeleute wartet am Anleger. Mühsam gelingt es dem Kapitän, sich durch die aufgebrachte Menge zu schieben. Der Erste Offizier entkommt zunächst in einem Ruderboot. Dann bringt die Zeitung „California Courier“ einen Bericht, in dem es wörtlich heißt:

„Die Challenge ist angekommen, und Kapitän Waterman ist auch da. Wo aber sind neun Mitglieder der Besatzung geblieben? Wenn die Berichte stimmen, wie Waterman sich seinen Männern gegenüber verhalten haben soll, dann ist er eines der unmenschlichsten Scheusale unserer Zeit. Wenn sie zutreffen, dann sollte er bei lebendigem Leibe verbrannt werden.“

Am Liegeplatz der „Challenge“ versammelt sich erneut eine Menge aus Seeleuten, Hafenarbeitern und Herumtreibern. Verletzte und Kranke werden von Bord getragen, was aber nicht mit Waterman und seinen Praktiken zu tun hat, sondern mit der Ruhr oder Skorbut. Für die Wütenden aber taugt dies als der endgültige Beweis. Nun muss Gerechtigkeit geübt werden!

Die Menge zieht vor das Gebäude des Schiffsmaklers Griswold an der California Street, der für die „Challenge" zuständig ist. Der Mob fordert, dass Kapitän Waterman ausgehändigt wird. Griswold, der den Seemann nicht seinem Schicksal am Strang übergeben mag, bietet an, dass eine Abordnung den Firmensitz durchsuchen darf. Er schenkt Waterman, der sich in einem Büro versteckt, damit wertvolle Minuten, über ein Dach zu entkommen.

Der Mob lässt sich nicht besänftigen und nimmt einen anderen Kapitän – einen weißhaarigen, als gutmütig geltenden Seefahrer namens Land – als Geisel. Erst eine herbeigerufene und mit Gewehren bewaffnete Bürgerwehr kann die angespannte Situation, die sich Richtung einer offenen Revolte entwickelt, schließlich eindämmen. Der Bürgermeister von San Francisco verspricht, dass die Verantwortlichen zur Rechenschaft gezogen werden. So kommt auch die Geisel frei.

Douglass wird wenige Tage später betrunken in einem Karren gefunden. Er wollte in Monterey auf einem Dampfer anheuern. Als Polizisten auftauchen, prahlt er im Suff: „Ich hab sie ausgepeitscht, und ich werde sie wieder auspeitschen." Wegen Mordes und Gewalttätigkeit stellt man ihn vor Gericht, wie auch Kapitän Waterman. Der hatte sich zunächst versteckt, dann aber – weil er keine Chance sah, als bekannter Kapitän zu entkommen – bei den Behörden gestellt.

Vor Gericht geht Waterman in die Offensive. Er bezichtigt einige Crewmitglieder der Meuterei. Die Geschworenen stehen vor einer komplizierten Entscheidung. In den Hafenkneipen von San Francisco kursieren längst ausgeschmückte Stories von Bord der „Challenge“, eine Art blutiges Seemannsgarn, als sei die Realität nicht schon hart genug gewesen. Doch andererseits wird im Verfahren auch klar, dass die Mannschaft aus Anfängern und Taugenichtsen bestand, „die schlechteste Crew, die ich je gesehen habe“, wie Waterman verächtlich aussagt. Selbst einige Matrosen, alte Fahrensleute, bestätigen diese Einschätzung. Muss ein Kapitän in einer solchen Lage nicht hart durchgreifen? Die Stimmung kippt. Aus heutiger Sicht erscheint dieser Punkt nicht vermittelbar, aus der damaligen Perspektive ist er logisch.

Humanismus segelte nur selten mit.

Das Gericht kommt zu einem Urteil, das wie ein Kompromiss wirkt, die Interessen der Reeder zu wahren und die Wut der Matrosen zu besänftigen. Die Anklage wegen Meuterei auf der „Challenge“ lässt man fallen. James Douglass wird des Mordes schuldig gesprochen und bekommt eine Strafe wegen „Grausamkeit“. Aus den Dokumenten jener Zeit aber geht nicht hervor, wie hoch sie ausfällt – und ob er sie überhaupt verbüßte. Anscheinend musste er sie nie antreten. Immerhin soll der Sadist und Säufer nie wieder eine Heuer gefunden haben.

Und Kapitän Waterman? Auch er scheint trotz eines Schuldspruchs („Grausamkeit“) ohne Strafe davongekommen zu sein. Vielleicht, weil die Zeugen einen desolaten Eindruck machten und selten nüchtern vor Gericht erschienen. Womöglich aber auch, weil ein Urteil gegen den Seemann eine politische Komponente gehabt hätte: Wie sollte ohne Zucht und Ordnung ein Schiff im nächsten Hafen ankommen, besonders in den harten Wintermonaten? Der Einfluss der Reeder ist gewaltig.

Waterman setzt sich in der Nähe von San Francisco zur Ruhe und ist einer der Gründer der Stadt Fairfield, die er nach seiner Heimatgemeinde in Connecticut benennt. In der Stadt leben heute mehr als 100.000 Einwohner. Sein Haus erinnert an den Bug eines Schiffes. Der ehemalige Kapitän arbeitet noch eine Zeit als Hafenmeister in San Francisco und hilft bei der Bergung von Wracks vor dem Golden Gate, also der Meerenge, die den Pazifik mit der Bucht verbindet. Waterman gilt als harter Kerl, aber nicht als grausam. Er macht sich auch als Viehzüchter einen Namen.

Den größten Schaden trägt das Schiff davon. Der Ruf der „Challenge" ist nachhaltig ruiniert. Sie gilt als Höllenschiff, das jeder Crew Unglück bringt. Es ist so schwer, Seeleute zu finden, dass die Reederei sie mit hohen Gagen ködern muss, die – für die Seefahrt jener Zeit extrem ungewöhnlich – vor der Reise bezahlt werden. Zwei weitere Meutereien an Bord sind überliefert.

Im Jahr 1876 sinkt die „Challenge" vor der Küste Frankreichs im Sturm.

MASTER
NEXT
GOD

An Bord hat der Kapitän das Sagen und sogar Polizeigewalt, die geltende Ordnung durchzusetzen. In vergangenen Jahrhunderten haben Schiffsführer das oft mit drakonischen Strafen getan, wie diese Liste der Grausamkeiten zeigt.

Die Lebens- und Arbeitsbedingungen auf deutschen Schiffen regeln heutzutage die Paragrafen des Seearbeitsgesetzes. Warum auf einem Schiff nicht dieselben Regeln gelten wie an Land, liegt auf der Hand: Sobald die Festmacher losgeworfen sind und das Schiff unterwegs ist, wird es zu einem eigenen autarken Universum. Wer einmal an Bord ist, kommt so schnell nicht wieder runter, und wenn mal etwas schiefläuft, kann man nicht einfach kündigen oder die 110 wählen.

An Land ist die Polizei dafür zuständig, dass öffentliche Sicherheit und Ordnung gewährleistet sind, dass Vergehen verfolgt werden. Sie kommt, wenn Gefahr im Verzug ist, und alarmiert die Rettungsketten. Und auf See? Gibt es nur eine Instanz: den Kapitän. Im Amtsdeutsch liest sich das so:

SEEARBEITSGESETZ UNTERABSCHNITT 1, § 121

(2) Der Kapitän hat für die Erhaltung der öffentlichen Sicherheit und Ordnung an Bord und im Zusammenhang mit dem Betrieb des Schiffes zu sorgen und ist im Rahmen der nachfolgenden Vorschriften und der anderen Rechtsvorschriften berechtigt, die dazu notwendigen Maßnahmen zu treffen.

(3) Droht Menschen oder dem Schiff eine unmittelbare Gefahr, so kann der Kapitän die zur Abwendung der Gefahr gegebenen Anordnungen notfalls mit den erforderlichen Zwangsmitteln durchsetzen; die vorübergehende Festnahme ist zulässig.

Der Kapitän hat an Bord also die Polizeigewalt. Er setzt die Ordnung durch, aber gleichzeitig entscheidet er auch – und nur er allein –, wie diese auszusehen hat. Denn er ist außerdem befugt, Anordnungen an die Crew zu erteilen, denen sich niemand widersetzen darf – sofern sie nicht gegen die Würde des Menschen verstoßen.

SEEARBEITSGESETZ UNTERABSCHNITT 1, § 124

(1) Jedes Besatzungsmitglied ist verpflichtet, vollziehbare Anordnungen der Vorgesetzten unverzüglich zu befolgen.

(2) Das Besatzungsmitglied ist nicht verpflichtet, eine Anordnung auszuführen, die die Menschenwürde verletzt oder wenn durch das Ausführen der Anordnung eine Straftat oder eine Ordnungswidrigkeit begangen würde.

Mit seiner Unterschrift in der Musterrolle erklärt der Seemann sein Einverständnis mit diesen Regeln, die mit einem normalen Arbeitsverhältnis an Land kaum vergleichbar sind. Anordnung erfordert Ausführung – das finden wir sonst nur noch beim Militär.

Natürlich haben Seeleute nicht nur Pflichten, sondern auch Rechte, und ihr Kapitän ist heute an ein umfängliches Regelwerk gebunden. Wenn er davon abweicht, weil es die Situation auf See verlangt, muss er das im Schiffstagebuch dokumentieren und später Rechenschaft ablegen. Aber eben: später. Erst einmal entscheidet der Schiffsführer. Diese rigide Hierarchie an Bord, die klare Zuteilung der Verantwortung ist so alt wie die Seefahrt. „Master next God" war früher eine übliche Bezeichnung für den Kapitän. Er kam in der Weltordnung gleich nach dem Schöpfer – weil er wie der Herrgott über Leben und Tod gebot. Der Master war allerdings nur in seltenen Fällen ein gütiger Gott, der Verfehlungen durchgehen ließ und sich in der hohen Kunst des Verzeihens übte. Auf Schiffen wurde – auch in aufgeklärten Zeiten noch – drakonisch gestraft. Selbst Offiziere wie James Cook, die eigentlich der Philosophie folgten, dass nur ein „glückliches Schiff" auch ein „tüchtiges Schiff" sein konnte, scheuten sich nicht, die Peitsche einzusetzen.

Auf weniger glücklichen Schiffen herrschten Bedingungen, für die selbst der Begriff Hölle noch geprahlt zu sein scheint. Die Annalen der Seefahrt kennen ungezählte Fälle, in denen sich Kapitäne wie Tyrannen aufführten. Ihre Besatzung lebte in ständiger Angst vor sadistischer Quälerei, sie musste selbst bei geringfügigen Delikten mit den brutalsten Sanktionen rechnen.

Warum ließen die Master in solchem Maße Grausamkeit walten? Es waren Sadisten darunter, keine Frage, die ihre dunkelsten Veranlagungen auslebten. Offiziere der Royal Navy stammten vor allem aus dem Adel oder zumindest dem gehobenen Bürgertum, ihre Mannschaften kamen aus den Unterschichten. Die Erkenntnis, dass alle Menschen gleiche Rechte haben, war, sagen wir es diplomatisch, nicht besonders stark ausgeprägt. Kapitäne und Offiziere fanden auch nichts dabei, ihre bewaffneten Pressgangs in die Kneipen und Bordelle eines Hafens zu schicken und Männer mit Gewalt für den Dienst an Bord zu rekrutieren. Gelegentlich statteten sie auch Handelsschiffen einen Besuch ab und holten sich die Seeleute, die sie brauchten, um ihre Crew auf Sollstärke zu bringen.

Waren diese Zwangsverpflichteten loyale Matrosen, die jeden Befehl sofort dienstbeflissen ausführten? Kaum vorstellbar. Wenn sie rebellierten, halfen die Offiziere eben nach und sorgten mit der neunschwänzigen Katze für Motivation.

An Bord herrschte permanent Angst, auf beiden Seiten. Der Kapitän und seine Offiziere fürchteten die Wut der Crew – und hielten mit unfassbar harten Strafen dagegen, um Meutereien zu verhindern. Die Besatzung lauerte auf ihre Chance, es den Hochwohlgeborenen heimzuzahlen. Und lebte dabei in ständiger Angst vor der alltäglichen Brutalität.

Wie viele Menschen ein Opfer der harschen Sanktionen geworden sind? Niemand weiß es, niemand hat sie je gezählt. Als Ordnung noch mit der neunschwänzigen Katze durchgesetzt wurde, zählten Menschenleben nicht viel. Jedenfalls nicht, wenn sie zur Crew gehörten.

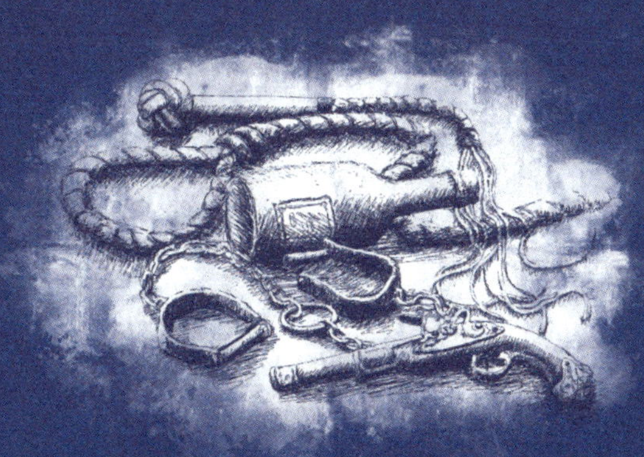

DER STRAFKATALOG DER KAPITÄNE:

IN EISEN LEGEN

Das Opfer wird an Hand- und Fußgelenken gefesselt und im Laderaum angekettet. Eine der milderen Strafen im Katalog. In einer verschärften Variante wird der Verurteilte an Deck angekettet – und so Sonne oder Wind und Regen ausgesetzt.

DIE GRÄTING AUFRIGGEN

Ein Gitterrost, etwa die Abdeckung einer Ladeluke, wurde so senkrecht am Rigg hochgezogen, dass man einen Mann daran festbinden konnte – eine Vorbereitung zum Auspeitschen. Für weniger schwere Vergehen – wie Stehlen von Proviant – gab es ein Dutzend Schläge.

NEUNSCHWÄNZIGE KATZE

Das wichtigste Instrument der Bordjustiz: eine Riemenpeitsche mit neun geflochtenen Tauenden. In Anwesenheit der gesamten Crew wurde damit auf den nackten Rücken der Opfer geschlagen. Die Peitsche hinterließ offene Wunden – eine hohe Zahl von Schlägen kam einem Todesurteil gleich.

PÖKELN

Die sadistische Variante des Auspeitschens: In die schmerzenden Wunden wurde zusätzlich Salz gestreut oder Meerwasser gekippt.

DURCH DIE FLOTTE GEPEITSCHT WERDEN

In der Praxis eine Form der Todesstrafe: Jeder an Bord musste Schläge mit der Neunschwänzigen ausführen – da gingen in der Summe Hunderte Schläge auf die Opfer nieder, was diese nur selten überlebten.

DURCH DIE DAGGEN LAUFEN

Die maritime Version des Spießrutenlaufens: Die Crew bildet eine Gasse, jeder Mann bekommt einen knapp einen Meter langen Tampen in die Hand. Der Verurteilte musste, Oberkörper entblößt, langsam durch die Gasse schreiten – und es hagelte Hiebe.

KIELHOLEN

Der Verurteilte wird an einem Seil unter dem Schiff durchgezogen, je nach Grausamkeit des Kapitäns in Quer- oder Längsrichtung. Ebenfalls eine Strafe, die oft tödlich wirkte. Denn das Unterwasserschiff war meist mit Seepocken oder Entenmuscheln bewachsen, die den Opfern mit ihren scharfkantigen Schalen schwere Verletzungen zufügten. Wie schwer – das hing von der Geschwindigkeit ab, mit der das Seil gezogen wurde. Wenn die Verurteilten eine Chance hatten, sich mit Schwimmbewegungen vom Rumpf frei zu halten, kamen sie lebend davon.

ÜBER DIE PLANKE GEHEN

Todesstrafe, die vor allem auf Piratenschiffen angewandt wurde oder von Meuterern, die sich ihrer Schiffsführung entledigen wollten. Eine Planke wurde so an der Reling befestigt, dass sie auf das Wasser hinausragte. Der Verurteilte wurde an den Händen gefesselt und über das Ende des Bretts getrieben. Der deutsche Freibeuter Marten Pechlin (1480–1526) soll einmal an einem Tag 105 Gefangene über die Planke in den Tod geschickt haben.

AN DER RAH AUFKNÜPFEN

die maritime Variante des Hängens, Todesstrafe für Meuterer. Ein Strick wird über die Rah geworfen oder durch einen Block an der Rah geführt. Der Verurteilte bekommt die Schlinge um den Hals und wird vom Exekutionskommando in die Höhe gezogen. Wie die drei Meuterer von der „Bounty“, die am 29. Oktober 1792 auf dem Kriegsschiff „HMS Brunswick“ hingerichtet wurden. Zur Abschreckung ließ man die Leichen noch Stunden unter der Rah baumeln.

ZUM GOUVERNEUR EINER INSEL ERNANNT

Die höhnische Umschreibung für die Aussetzung eines Verurteilten auf einem winzigen Eiland. Wenn die Schiffsführung gnädig war, gab sie den Verbannten noch eine Flasche Rum mit oder eine Pistole mit etwas Schießpulver und eine Kugel. Legendäres Beispiel: Alexander Selkirk, der 1704 von seinem Kapitän auf der unbewohnten Isla Más a Tierra ausgesetzt wurde. Der schottische Seemann überlebte. Er wurde das Vorbild für die Romanfigur Robinson Crusoe.

TERRORISTEN

Tatort	Kreuzfahrtschiff „Achille Lauro“
Position	Mittelmeer, Fahrt von Alexandria nach Port Said
Tatzeit	7. Oktober 1985
Täter	Terroristen der PLF
Straftat	Mord, Geiselnahme

Mittelmeer, 7. Oktober 1985. Das Kreuzfahrtschiff „Achille Lauro" läuft durch ruhige See von Alexandria nach Port Said, als Terroristen der „Palästinensischen Befreiungsfront" (PLF) die Brücke entern. An Bord: 680 Passagiere und 350 Crewmitglieder.

Die Angreifer stellen ein Ultimatum. Entweder Israel lässt fünfzig inhaftierte Gesinnungsgenossen frei, oder die Passagiere werden exekutiert, einer nach dem anderen. Sollte jemand versuchen, die Geiseln zu befreien, werde man das Schiff sprengen. Um ihre Entschlossenheit zu demonstrieren, erschießen die Terroristen einen Passagier. Es ist der jüdische US-Unternehmer Leon Klinghoffer, der seit einem Schlaganfall im Rollstuhl sitzt. Zusammen mit seiner Frau Marilyn ist er an Bord, um den 36. Hochzeitstag zu feiern.

Die Verbrecher zwingen den Schiffsingenieur, die Leiche Klinghoffers mitsamt seinem Rollstuhl über Bord zu werfen.

Eine amerikanische Spezialeinheit will das Schiff in internationalen Gewässern stürmen, doch Ägypten erlaubt den PLF-Terroristen, in Port Said festzumachen. In Verhandlungen sagen sie zu, keine weiteren Geiseln zu erschießen. Sie bekommen von der Regierung in Kairo ein Flugzeug gestellt, um in ein Land ihrer Wahl auszureisen. Vom US-Flugzeugträger „Saratoga" steigen vier „Tomcat"-Jäger auf, die den Jet der Terroristen abfangen und zur Landung auf Sizilien zwingen.

Auf dem Rollfeld kommt es zum Showdown. Die amerikanische Spezialeinheit „Delta Force" umstellt die Boeing 737 mit den Palästinensern, aber italienische Soldaten nehmen die US-Einheit ins Visier. Die Regierung in Rom will sich den Eingriff in seine Hoheitsrechte nicht gefallen lassen.

Als die Amerikaner abziehen, ist die Geiselnahme beendet, und die Täter sind verhaftet. Ihr Anführer, der Mörder von Leon Klinghoffer, muss für 30 Jahre ins Gefängnis. Der Drahtzieher des Anschlags, Abu Abbas, wird in Abwesenheit zu einer lebenslänglichen Haftstrafe verurteilt. US-Spezialkräfte nehmen ihn 2003 in Bagdad fest. Er stirbt ein Jahr später an einer Herzkrankheit.

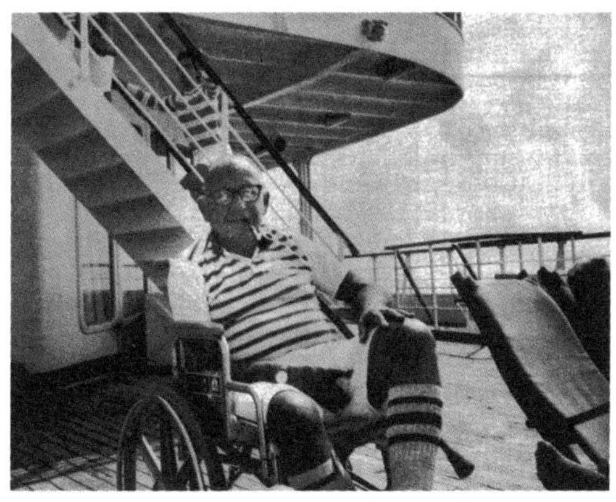

HELGOLAND

GENTLEMAN

JULI 1994 + + + POLIZEIBOOT „BRESTEDT“ + + + HELGOLAND

Ein Bootsbesatzung des Bundesgrenzschutzes entdeckt eine Leiche in der Deutschen Bucht vor Helgoland. Sie ist mit Gewichten beschwert. Wer ist der Tote? Es ist ein Fall, der die Ermittler der Polizei an ihre Grenzen bringt.

Die „Brestedt“, ein Boot des Bundesgrenzschutzes See, läuft durch ruhige See westlich von Helgoland. Eine Patrouillenfahrt, scheinbar Routine an diesem 11. Juli 1994. Bis jemandem auf der Brücke etwas Ungewöhnliches auffällt.

Da treibt doch etwas auf den Wellen?

Wenig später fischen die Beamten auf der Position 54°8’ N, 7°30’ O eine Leiche aus der Deutschen Bucht, buchstäblich, sie verwenden ein Netz. Es ist ein groß gewachsener, schlaksiger Mann, fast zwei Meter groß, knapp 75 Kilo schwer. Die Leiche wurde mit Gewichten beschwert, und damit ist klar: Dies ist kein Passagier, der von einem Schiff fiel, oder ein Fischer, der bei der Arbeit über Bord gespült wurde.

Es handelt sich um ein Mordopfer. Wegen der eleganten Kleidung nennen ihn die Ermittler „Gentleman“.

Zum Zeitpunkt des Todes, so stellt die Gerichtsmedizin fest, muss das Opfer zwischen 45 und 50 Jahre alt gewesen sein. Sein Schädel ist gebrochen, ebenso wie mehrere Rippen. Nach Monaten in der Nordsee ist seine Haut von einer hellen Schicht umhüllt, die teilweise vor Verwesung bewahrt. Zwei Jahre dauern die ersten Ermittlungen der Polizei Wilhelmshaven, bis sie eingestellt werden.

Wie bloß soll man einen Täter ermitteln, wenn man nicht mal weiß, wer das Opfer ist?

Die Polizei an der Nordsee gibt nicht auf, schickt den Schädel ans FBI in Washington, um eine computergestützte Rekonstruktion des Gesichts zu erhalten. Das Phantombild zeigt ein markantes Gesicht mit hohen Wangenknochen. Man bittet Scotland Yard um Hilfe, doch die Briten reagieren nicht – und es meldet sich auch sonst niemand, der den Mann kennt. Der Fall wird kalt, ein „Cold case", wie es in der Sprache der Ermittler heißt, und die Leiche schließlich ohne einen Namen auf einem Friedhof in Wilhelmshaven beigesetzt.

Fast drei Jahrzehnte später kommt wieder Bewegung in den Fall.

Ein internationales Projekt der niedersächsischen Landes-Polizeiakademie von Kriminalexperten, Forensikern und Fachleuten der britischen Organisation Locate International nimmt die Arbeit auf. Studierende aus 33 europäischen Ländern wirken mit. Der „Gentleman" wird zum Studienobjekt. Hat jemand eine neue Idee? Wurde vielleicht etwas übersehen? Können neue Methoden etwas bewirken?

Dabei waren die Ermittler bereits jeder möglichen Spur akribisch gefolgt. Den Schuhen etwa, die zum britischen Hersteller Church & Co. Ltd. führten, Größe 46, mit Innenfutter aus Büffelleder, damals knapp 800 D-Mark teuer. Die Schuhe wurden in Italien hergestellt, Absätze und Sohlen später in England ersetzt. Was bedeutet das: Hat der Tote also in Großbritannien gelebt? Auf jeden Fall konnte er sich offenbar exklusives Schuhwerk leisten.

Rätsel geben die Gewichte aus Gusseisen auf, mit denen die Leiche auf den Meeresboden sinken sollte. 24,5 Zentimeter lang, acht Zentimeter breit, sechs Zentimeter hoch, Prägung „A J K". Die Polizisten finden heraus, dass dies das

Warenzeichen der Firma „A J Jackson aus Kingswood“ in Bristol war, ein Unternehmen, das in der Mitte der 1960er-Jahre übernommen wurde – und dann doch pleiteging. Es gibt keine Aufzeichnungen und keine Kundendatei mehr. Also wieder kein Durchbruch.

Dann die Krawatte. Anders als die edlen Schuhe ist sie Massenware, hergestellt für das britische Unternehmen Marks & Spencer, vertrieben im gesamten englisch- und französischsprachigen Raum. Unmöglich, daraus weitere Erkenntnisse zu gewinnen.

Im Dezember 2021 lassen die Ermittler die Leiche in Wilhelmshaven exhumieren. Die Knochen gehen in die Isotopenanalyse, ein Verfahren, bei dem Atomarten eines Elements ausgewertet werden, die weltweit in verschiedenen Regionen unterschiedlich oft auftauchen. Ein Mensch nimmt sie auf, durch Nahrung, durch das Wasser oder die Luft. Noch Jahrhunderte später lässt sich mit der Methode nachweisen, wo jemand lebte. Ergebnis: Der geheimnisvolle „Gentleman“ muss „mit sehr großer Wahrscheinlichkeit“ die meiste Zeit seines Lebens in Australien verbracht haben. In Australien? Ein ganz neuer Ansatz.

Die DNA-Proben, die der Leiche entnommen wurden, ergeben keine Übereinstimmung in irgendeiner Datenbank. Bislang helfen auch die modernsten Methoden den Ermittlern nicht weiter. Das Geheimnis um den Gentleman vor Helgoland – es wird vermutlich für immer ungelöst bleiben.

IN DER KABINE ERWÜRGT

Tatort	Minentaucherboot M 1052 „Mühlhausen“
Position	Hafen von Eckernförde
Tatzeit	18. Dezember 2003
Täter	20-jähriger Marinesoldat Nick W.
Straftat	Totschlag im Affekt

Kurz vor Weihnachten 2003 liegt das Minentaucherboot „Mühlhausen“ der Deutschen Marine im Hafen von Eckernförde. Eine Gruppe von Soldaten macht sich landfein, sie wollen in der Großdisco K7 feiern. Es wird eine lange und alkoholhaltige Nacht.

Um drei Uhr nimmt sich Obermaat Saskia S., 19, ein Taxi zurück aufs

Schiff. Mit ihr im Wagen: der ebenfalls 19-jährige Hauptgefreite Nick W. und ein weiterer Kollege. An Bord geht man getrennter Wege. Aber Nick W. will mehr. Als die Kojennachbarin von Saskia S. um vier Uhr ihre Wache antritt, stattet W. seiner Vorgesetzten einen Besuch ab.

Am nächsten Morgen findet die Kollegin Saskia S. tot. Sie wurde in ihrer Koje erwürgt.

Der Kreis der möglichen Täter ist klein. Das Schiff ist bewacht, nur Crewmitglieder kommen an Bord. Neben der Stammbesatzung der M 1052 sind Kampfschwimmer und Minentaucher für eine Übung auf dem Schiff, insgesamt 34 Personen. Die Ermittler der Mordkommission lassen sich von allen Speichelproben geben, um sie mit DNA-Spuren an der Leiche abzugleichen. So kommen sie schnell Nick W. auf die Spur. Hautpartikel mit seiner DNA finden sich unter den Fingernägeln von Saskia S.

Der Hauptgefreite gesteht. Ein Unglück, sagt er. Genau erinnern könne er sich aber nicht.

Vor Gericht rekonstruiert die Anklage den Tathergang so: Nick W. habe sich – schwer betrunken – auf Saskia S. gelegt. Als die sich gegen seine Annäherungsversuche wehrt, habe er sie mit einer Hand niedergedrückt und mit der anderen gewürgt, minutenlang, bis sie sich nicht mehr rührte. Warum? Wohl aus Angst vor einer Disziplinarstrafe.

Zeugen sagen aus, der Hauptgefreite habe fünf Bier und etliche Red-Bull-Wodka intus gehabt. Ein Gutachter erklärt, zur Tatzeit habe bei Nick W. eine „tiefgreifende Bewusstseinsstörung" vorgelegen. Das Kieler Landgericht wertet die Tat deshalb als Totschlag im Affekt – begangen im Zustand „erheblich verminderter Steuerungs- und Schuldfähigkeit".

Urteil: sechs Jahre Jugendstrafe.

CSCL URANUS

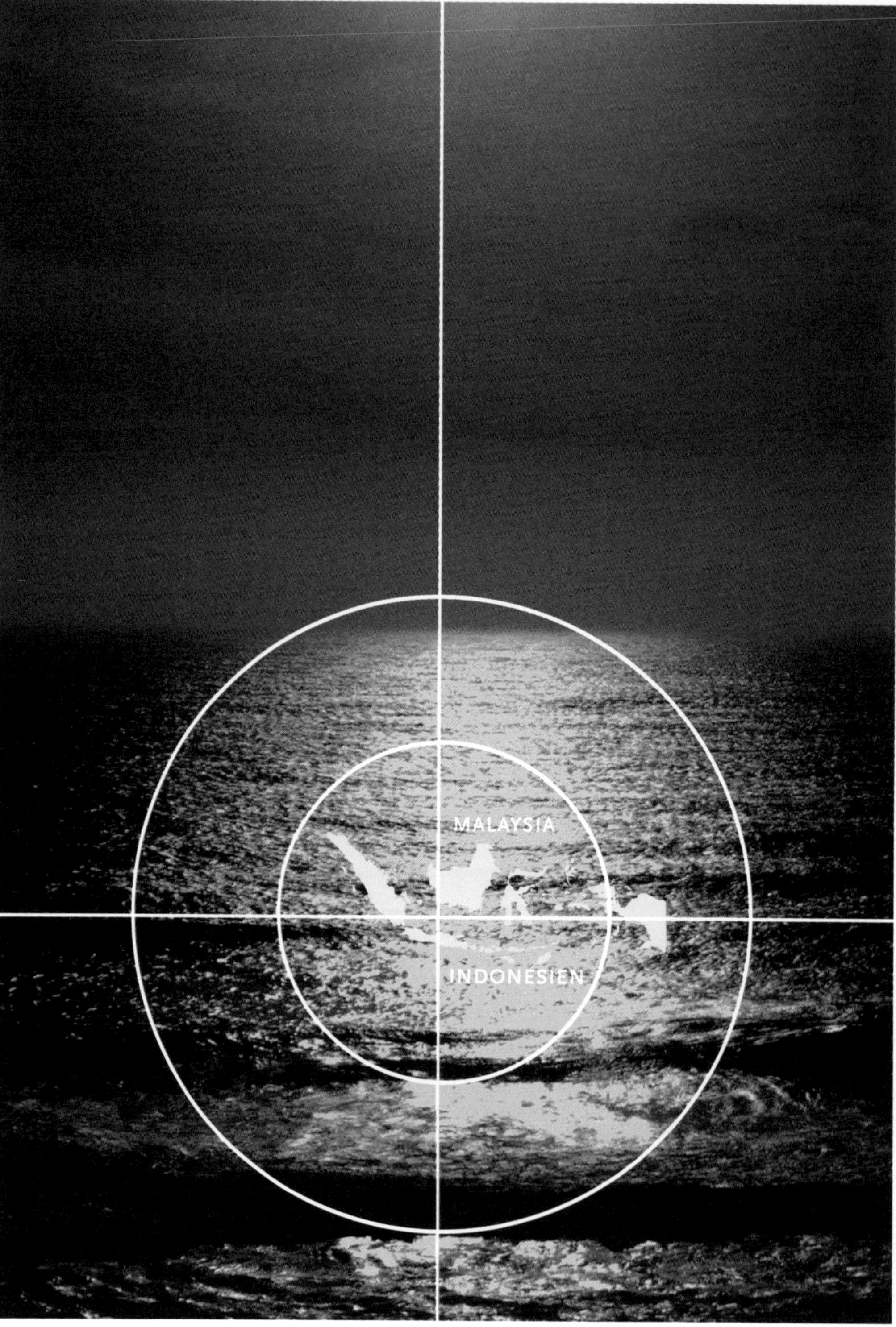
MALAYSIA
INDONESIEN

DAS GEHEIMNIS DER „NAGASAKI SPIRIT“

SEPTEMBER 1992 + + + CONTAINERFRACHTER „OCEAN BLESSING“ UND TANKER „NAGASAKI SPIRIT“ + + + STRASSE VON MALAKKA

Am 19. September 1992 greifen Piraten in der Straße von Malakka das Containerschiff „Ocean Blessing“ an. Der Hergang des Überfalls ist bis heute nicht geklärt. Aber es steht wohl niemand mehr auf der Brücke, als der Frachter einen entgegenkommenden Tanker rammt.

Eine klare Nacht, die See spiegelglatt, und der Wetterbericht verspricht für den 19. September 1992 keine Überraschungen. Der Tanker „Nagasaki Spirit", beladen mit 40.000 Tonnen Rohöl aus dem Persischen Golf für das Sultanat Brunei, fährt in die Straße von Malakka ein, die Meerenge zwischen Sumatra und Malaysia. Das Schiff ist recht neu, 1988 bei Mitsubishi Heavy Industries in Japan vom Stapel gelaufen. Sein mächtiger Sulzer-Diesel schiebt den behäbigen, knapp 300 Meter langen Tanker mit 15 Knoten voran.

Kurz vor Mitternacht liegt die Crew in den Kojen, nur ein paar Männer sitzen zusammen und schauen sich ein Video an. Der Dritte Offizier führt das Schiff, aber Kapitän Alan Mackereth ist ebenfalls auf der Brücke. Die Straße von Malakka ist ein viel befahrener Seeweg, da behält er die Lage gerne selbst im Blick.

Aus der Gegenrichtung kommt ein Containerschiff, die „Ocean Blessing", sie ist 200 Meter lang. Und für das, was dann passiert, wird es nie eine abschließende Erklärung geben. Vermutungen, Indizien, plausible Annahmen, ein grobes Bild. Aber keine Gewissheit.

Ein Offizier auf einem anderen Frachter hat die „Ocean Blessing" schon eine Weile auf dem Radar verfolgt. Sie fährt einen erratischen Kurs, sagt er später aus, fast im Zickzack, mal verlangsamt sie ihre Fahrt auf zehn Knoten, dann beschleunigt sie auf Maximalgeschwindigkeit. Versucht sie, mit diesen Manövern Piraten abzuschütteln? Sind sie schon an Bord? Die Straße von Malakka ist berüchtigt für solche Attacken.

Als die „Ocean Blessing“ auf Kollisionskurs dreht, funkt Kapitän Mackereth die Brücke des Frachters an. Keine Reaktion. Wieso? Weil niemand mehr auf der Brücke steht? Weil die Crew unter Deck eingesperrt ist?

Was in den nächsten Minuten passiert, wissen wir nicht. Versucht Mackereth noch ein Manöver des letzten Augenblicks, um die Katastrophe zu vermeiden? Bis ein Tanker seinen Kurs ändert, das dauert.

Die „Ocean Blessing“, das lässt sich später aus den Daten der Maschinen rekonstruieren, läuft mit einem Tempo von 21 Knoten, als sich ihr Bug seitlich in den Rumpf der „Nagasaki Spirit“ bohrt. Mackereth weiß sofort, dass sein Schiff verloren ist. Dass es jetzt um Leben oder Tod geht. Er setzt ein Mayday ab und gibt seinen Leuten Befehl, die Rettungsboote klarzumachen. Via Funktelefon ruft er noch bei seiner Reederei Teekay an und wird vom Wachhabenden der Leitwarte sofort zu Jim Hood durchgestellt, dem Chef der Tankerflotte. Auf der Webseite des Unternehmens sind die letzten Worte des Kapitäns nachzulesen:

Hood: Kapitän, hier ist Jim Hood, was ist passiert?

Mackereth: Wir sind auf der Backbordseite von einem Containerschiff gerammt worden, und wir brennen. Tanks 5 und 6 wurden getroffen. Wir haben Spiked Crude geladen, und der Inertgas-Schutz ist durchbrochen. Ich fürchte, es wird eine Explosion geben. Wir müssen von Bord.

Hood: Wo sind Sie?

Mackereth: Zwischen Blang Langcang und One Fathom Bank.

Hood: Was ist das für ein Schiff?

Mackereth: Ich weiß es nicht.

Hood: Wie ist das passiert?

Mackereth: Wir haben immer wieder versucht, sie zu warnen. Aber sie hielt weiter auf uns zu.

Hood: Was ist Ihre Position?

Mackereth: 4 °33' N 98 °43' E.

Hood: Haben Sie ein Notsignal abgesetzt?

Mackereth: Wir haben das RCC angefunkt. (RCC = Rescue Coordination Center)

Hood: Okay, Kapitän. Dann viel Glück, wir schicken Hilfe, so schnell es geht.

Es geht nicht schnell genug. Aus dem Feuer wird ein Inferno. Explosionen erschüttern die ineinander verkeilten Schiffe, die See rings um die Havaristen brennt. Fischerboote eilen herbei, umkreisen das Feuer und suchen nach Überlebenden. Sie finden zwei Männer, den Dritten Ingenieur, Maximo Balasbas, und den zweiten Koch, Harry Flores. Als sie sahen, wie Flammen zu den Rettungsbooten hochschlugen, berichten sie später, sprangen sie über Bord und schwammen, so schnell sie konnten.

Ein zweiter Tanker der Reederei ist zufällig im selben Seegebiet, die „Mihara Spirit". Sie nimmt Kurs auf die Unglücksstelle, um Rettung und Bergung zu koordinieren. Auch ein amerikanisches Kriegsschiff, der Versorger „USS Niagara Falls", ist ganz in der Nähe und lässt seine Helikopter aufsteigen, um nach Überlebenden zu suchen. Die Soldaten finden eine Leiche, Kapitän Alan Mackereth. Aber sonst niemanden, von der „Nagasaki Spirit“ und auch nicht von der „Ocean Blessing“.

Bergungsschlepper erreichen die Havaristen und beginnen mit Löscharbeiten. Es dauert eine Woche, bis sie das Feuer so weit unter Kontrolle haben, dass sie den Tanker von der Küste wegschleppen können. Auf See vor der Hafenstadt Belawan im Norden Sumatras lassen sie den Anker fallen. Bergungsspezialisten pumpen das restliche Öl aus den Tanks, und es kommen Ermittler an Bord. Das Rettungsboot an Steuerbord konnte wohl tatsächlich noch zu Wasser gelassen werden, die Crew ging von Bord. Jedenfalls finden die Kriminaltechniker auf der „Nagasaki Spirit“ keine menschlichen Überreste. Bis auf den Ingenieur und den Koch sind wohl alle auf dem Wasser von den Flammen eingeholt worden. Ein ganz anderes Bild auf der „Ocean Blessing“: Dort entdecken die Forensiker bis zur Unkenntlichkeit verkohlte Leichen – und zwar mehr, als eigentlich auf der Crewliste standen. Sind das die Überreste der Piraten, die an Bord waren, als die Schiffe kollidierten?

Es bleibt eine Geschichte mit vielen Fragezeichen. Wann und wo und wie wurde die „Ocean Blessing“ überfallen? Hatten es die Piraten auf einen schnellen Raub von Wertgegenständen abgesehen oder auf die Ladung? Wollten sie Geiseln nehmen? In den Berichten über die Tragödie finden sich immer wieder Spekulationen, der Containerfrachter habe Waffen oder Munition geladen, eine Lieferung aus China an eine der vielen Parteien im Nahostkonflikt. Das würde zumindest die heftigen Explosionen erklären, die nach der Kollision beobachtet wurden, schreiben die Chronisten der Reederei Teekay.

In den ersten Berichten über die Katastrophe ist auch die Rede von einem Funkspruch, in dem Kapitän Mackareth den Beschuss von Piraten gemeldet haben soll: „Have been fired upon and now have fire in Numbers 5 and 6 centre tanks. Abandoning vessel“, lautet das Zitat, das in den Medien kursiert. Aber es passt nicht zu dem, was die Überlebenden berichten. Und auch nicht zu dem Gespräch über Funk zwischen Kapitän und Reederei.

Es geht viel durcheinander in den ersten Stunden und Tagen nach der verheerenden Havarie. Wie so oft im Nachrichtengeschäft wird nicht auf eine zweite Quelle gewartet, die eine Aussage bestätigt. Eine Nachrichtenagentur will sogar wissen, dass sechzehn Überlebende geborgen wurden. Und von einem Sprecher der indonesischen Streitkräfte ist die Aussage überliefert, Piraten in diesen Gewässern seien nicht im Besitz von Schusswaffen, sondern nur mit Messern und Säbeln bewaffnet.

Wer auch immer die Piraten waren und was auch immer ihre Absichten gewesen sein mögen: Sie haben den Tod von 46 Seeleuten auf dem Gewissen. Nur die Familie von Alan Mackareth kann einen Verstorbenen bestatten. Der Kapitän der „Nagasaki Spirit“ wird am 3. Oktober in seinem Heimatort Saint John an der kanadischen Bay of Fundy begraben.

Seine Crew wird nie gefunden.

SARGSCHIFFE

1840ER-JAHRE + + + IRISCHE AUSWANDERERSCHIFFE + + + NORDATLANTIK

Hunderttausende flohen vor der Großen Hungersnot in Irland nach Nordamerika. Skrupellose Reeder pferchten die Menschen unter Deck auf Frachtschiffen zusammen. Ohne sie ausreichend mit Proviant zu versorgen. Ohne sich um Kranke zu kümmern. Viele Passagiere kamen nie an ihr Ziel.

VON OLAF KANTER

Wer in den Annalen der Seefahrt blättert, stößt früher oder später auf Kapitel, die von unfassbaren Grausamkeiten zeugen. Und ich meine damit nicht die Gräuel, die sich in den ungezählten Kriegen zur See zugetragen haben. Sondern solche, die als normale Geschäftspraktiken durchgingen. Für die sich nie ein Richter zuständig fühlte. Wie bei dem lukrativen Dreieckshandel der großen Seefahrtsnationen, der über Jahrhunderte gigantische Profite abwarf: Stoffe, Alkohol und Waffen nach Westafrika, Sklaven in die Karibik und nach Amerika, Zucker, Baumwolle und Edelmetalle zurück nach Europa. Millionen Menschen als Handelsware, mörderische Bedingungen auf den Schiffen der Sklavenhändler.

Ein Abschnitt der transatlantischen Wirtschaftsgeschichte, den ich genauso verstörend finde, spielt in der Mitte des 19. Jahrhunderts. Viele Leser werden noch nie davon gehört haben: vom Elend der irischen Auswanderung auf den „Coffinships".

Irland stand damals noch unter britischer Herrschaft. Das Land gehörte Großgrundbesitzern, die es an die irischen Bauern verpachteten. Sie bauten Getreide an und hielten Rinder und Schafe, und von den Erlösen zahlten sie den Mietzins an die „Landlords". Für den eigenen Gebrauch pflanzten sie Kartoffeln. Bis 1845 ein Pilz namens Phytophthora infestans die Knollen im Boden verfaulen ließ. Die Nahrungsgrundlage der Bevölkerung war auf einen Schlag vernichtet.

Auch das folgende Jahr brachte nur Missernten. Irland hungerte – und exportierte weiter Getreide, die Pacht musste ja bezahlt werden. Es kam noch schlimmer: Als auch die Ernte von Weizen und Hafer wegen schlechter Witterung nicht mehr die üblichen Erträge brachte, konnten viele Bauer ihren Pachtzins nicht zahlen; sie verloren ihre Höfe. Eine teuflische Spirale der Armut und der Verzweiflung begann sich zu drehen, immer schneller.

Die Regierung in London reagierte nur schleppend auf die Katastrophe in der Kolonie Irland. Hunderttausende Iren mussten sterben, bis endlich Notprogramme und Arbeitsbeschaffungsmaßnahmen für die Not leidende Bevölkerung aufgesetzt wurden. Die Kosten dafür sollten die Landlords übernehmen, aber die fanden einen für sie günstigeren Ausweg. Sie legten ihren säumigen Pächtern nahe, doch nach Amerika auszuwandern. Die Rechnung der Grundbesitzer war simpel: Lieber einmal für eine Schiffspassage bezahlen, als langfristig Armut zu finanzieren.

Es fanden sich schnell britische Reeder, die sich auf den kostengünstigen Massentransport spezialisierten. Sie pferchten ihre Passagiere zu Hunderten unter Deck zusammen und kalkulierten mit einem absoluten Minimum an Proviant für die 30-tägige Reise über den Atlantik. Versteht sich, dass sie dafür nicht unbedingt ihre besten Schiffe einsetzten, sondern eher Kähne, die eigentlich längst hätten abgewrackt werden müssen. Für die Passagierfahrt waren diese Segler nie vorgesehen, es waren Frachter mit großen leeren Laderäumen. Die Passagiere konnten sich glücklich

schätzen, wenn die Eigner der Schiffe noch Trennwände und Verschläge gezimmert hatten. Matratzen waren nicht vorgesehen, eine Lüftung existierte nicht.

Die Bedingungen an Bord waren unmenschlich. Die Passagiere kamen schon von Hunger und Krankheit gezeichnet auf die Schiffe, viele schleppten Infektionskrankheiten ein. Zwar schrieb das Gesetz vor der Abfahrt eine ärztliche Prüfung auf Reisetauglichkeit vor, doch Historiker sind sich einig, dass kaum je einem Passagier verweigert wurde, an Bord zu gehen. Auf engstem Raum steckten sich viele Tausend Flüchtlinge gegenseitig an. Durchfallerkrankungen ohne entsprechende sanitäre Einrichtungen – ich muss wohl nicht weiter ausführen, wie es unter Deck aussah und roch. Wer es genau wissen will, dem sei der Bericht von Robert Whyte empfohlen, der 1847 nach Kanada reiste und den Horror auf seinem Schiff detailliert beschrieb.

Weil so viele Menschen Krankheit und Qualen nicht überlebten, fuhren die Schiffe der Auswanderer schnell unter dem makabren Spitznamen „Coffinships“, Sargschiffe. Aber selbst diese Bezeichnung ist eigentlich noch zu freundlich. Denn ein Sarg steht ja für ein ordentliches Begräbnis, für ein würdiges Ritual. Davon kann im Fall der Sargschiffe nicht die Rede sein: Ihre Besatzungen warfen die Toten einfach über Bord. Es waren so viele.

Die ersten Sargschiffe steuerten Quebec an; in Kanada waren die Einreisebestimmungen weniger strikt als in den USA. Die Schiffe mussten allerdings im Sankt-Lorenz-Strom vor Grosse Island ankern und sich bei der kanadischen Quarantänestation eine Erlaubnis für die Weiterfahrt holen. Das Personal der Station, die auf eine Aufnahme von maximal 200 Patienten ausgelegt war, wusste nicht, wie ihnen geschah, als im Juni 1847 plötzlich an die neunzig Schiffe vor der Insel lagen. Es war unmöglich, die Gesunden von den Kranken auf den Schiffen zu trennen. In ihrer Not verhängten die Ärzte auf Grosse Island eine Quarantänefrist von 15 Tagen für alle Schiffe, die sich bald über viele Meilen auf dem Fluss stauten.

Das Resultat war absehbar: Wer sich noch nicht mit Typhus oder Cholera infiziert hatte, der wurde spätestens jetzt krank. Allein 1847 starben mehr als 5400 Menschen auf Grosse Island: irische Auswanderer, Seeleute, Pflegepersonal. Wohin mit den vielen Leichen? Sie wurden einfach in den Atlantik geworfen.

Ich könnte weitere Fallbeispiele aufzählen, mehr Zahlen präsentieren, aber das Bild ist überall auf erschütternde Weise das gleiche. Zwischen 20 und 30 Prozent der Iren, die von Dublin oder Cork oder Liverpool aus in die Neue Welt aufbrachen, haben ihr Ziel nie erreicht.

Ist es zu fassen, wie Profitgier noch den letzten Rest Menschlichkeit auffressen kann? Wie Grundbesitzer und Reeder im Angesicht der Hungerkatastrophe noch überlegen, wie man aus dem Elend der irischen Landbevölkerung Gewinn schlagen kann? Von der Politik konnten die Auswanderer auch keine Hilfe erwarten, im Gegenteil. Die Häfen Liverpool und Glasgow, wo viele Tausend Iren auf ihre

COFFIN SHIP

Passage in die Neue Welt warteten, erhielten von der Regierung in London die Erlaubnis, obdachlose Hungerflüchtlinge sofort wieder in die Heimat zu deportieren.

In Irland ist das Trauma der Auswanderung unvergessen. 1997 enthüllte die damalige irische Präsidentin Mary Robinson in der Grafschaft Mayo eine Skulptur aus Bronze. Das Werk des Bildhauers John Behan sieht aus, als wäre es aus der Kulisse eines Horrorfilms entnommen: Skelette bilden Rumpf und Masten eines Dreimasters, ihre Gliedmaßen formen Bugspriet und Rahen, von der Schanz grüßen Totenschädel. Das blanke Grauen. Brutal.

Übrigens: In Amerika packten die Überlebenden an. Die eingewanderten Iren stellten das Gros der Arbeiter und Arbeiterinnen, die es damals brauchte, um das moderne Amerika aufzubauen. 40 Millionen US-Amerikaner nennen sich heute stolz Irish-Americans, in Kanada haben 4,6 Millionen Einwohner irische Wurzeln.

Die Flüchtlinge wollten keine Almosen. Sie brauchten bloß eine Chance.

PIRATEN!

Tatort	Schwergutfrachter „Beluga Nomination“
Position	Indischer Ozean, Horn von Afrika
Tatzeit	22. Januar 2011
Täter	ungeklärt, somalische Piraten
Straftat	Piraterie

Die „Beluga Nomination“ ist schwer beladen und liegt tief im Wasser. So langsam, ist sie die ideale Beute für Piraten. Deshalb steuert der 132 Meter lange Frachter der Bremer Schwergut-Reederei Beluga Shipping einen Kurs, der ihn in großem Abstand an den gefährlichen Gewässern am Horn von Afrika vorbeiführt. Doch die Piraten wagen sich immer weiter auf das offene Meer hinaus. Am 22. Januar 2011 muss die Crew der „Beluga Nomination“ mit ansehen, wie ein Skiff somalischer Piraten auf ihr Schiff zujagt. Die Männer im schnellen Motorboot eröffnen das Feuer und entern schließlich den Frachter.

Die Reederei hat in das Training ihrer Seeleute und die Sicherheit investiert: Der polnische Kapitän gibt um 13.38 Uhr MEZ noch einen Notruf ab, dann verschanzt er sich mit seiner elf Mann starken Crew im Sicherheitsraum des Schiffs, der mit schweren Stahlschotten gepanzert ist. Jetzt heißt es: Warten auf Rettung. Im Hochrisikogebiet vor der afrikanischen Küste patrouillieren Kriegsschiffe der internationalen Anti-Piraten-Mission „Atalanta".

Doch niemand kommt.

Die deutsche Fregatte „Hamburg" liegt gerade im Hafen von Dschibuti, um Treibstoff und Proviant zu bunkern. Alle anderen Schiffe des Verbands sind so weit von dem gekaperten Schiff entfernt, dass sie nicht eingreifen können. Die Piraten sind bestens ausgerüstet. Sie machen sich mit einem Schneidbrenner daran, den Sicherheitsraum zu knacken.

Zwei Tage später haben sie Schiff und Crew unter ihrer vollständigen Kontrolle. Die Piraten nehmen Kurs auf die somalische Küste. Es dauert zwei weitere Tage, bis ein Küstenwachboot der Seychellen und die dänische Fregatte „Esbern Sanre" den gekaperten deutschen Frachter einholen. Die Soldaten der Seychellen schicken ein Enterkommando los. Es kommt zu einem Feuergefecht. Zwei Piraten werden getötet – aber auch zwei Crewmitglieder der „Beluga Nomination". Die Somalis schießen mit Panzerfäusten und können den Angriff abwehren. Im allgemeinen Chaos gelingt es zwei Geiseln, sich in das Freifallrettungsboot am Heck zu flüchten und sich ins Meer zu katapultieren. Ein dritter Seemann springt über Bord und ertrinkt.

Mit Gewalt lässt sich offenbar nichts ausrichten. Die Piraten sind zu gut vorbereitet. Die Gefahr, dass noch mehr Menschen umkommen, scheint den Verfolgern zu groß; sie lassen die „Beluga Nomination" fahren.

Die Piraten bekommen, was sie wollten. Im April zahlt die Bremer Reederei Lösegeld. Wie viel, sagt sie nicht. Ein Pirat verrät der Nachrichtenagentur Reuters später, dass es sich um fünf Millionen Dollar gehandelt haben soll.

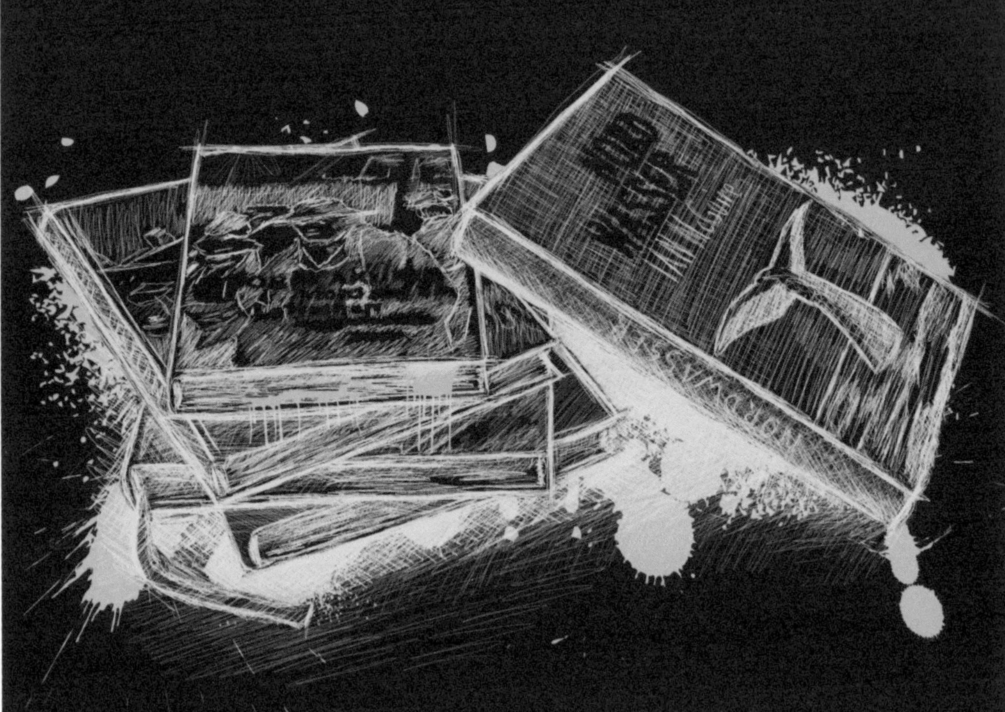

MORDSEE

Auf See ist kein Entkommen. Täter und Opfer begegnen sich auf engstem Raum. Und wenn es eine Leiche gibt, geht sie über Bord: Futter für die Fische, alle Spuren beseitigt. Doch der Kreis der Verdächtigen ist klein, was den Ermittlern hilft. Außerdem spielen Wind und Wellen und tückische Gewässer ihre Rolle – wie in diesen zehn Romanen.

DER PASSAGIER DER „POLARLYS“

Autor: Georges Simenon
Erscheinungsjahr: 1986
Originaltitel: „Le Passager du Polarlys“ (1932)
Übersetzerin: Stephanie Weiss
Schauplatz: an Bord des Hurtigruten-Postschiffs „Polarlys“
Hauptfiguren: Kapitän Petersen, Dritter Offizier Vriens, Heizer Krull, vier Passagiere

Handlung: Es ist das klassische Tableau: ein Mord, ein Detektiv, ein übersichtlicher Kreis von Verdächtigen. Nur dass der Tatort auf einem Postschiff liegt, das von Hamburg in den hohen Norden Norwegens dampft – und der Ermittler schon gleich in der ersten Nacht erstochen wird. Kapitän Petersen findet sich in einer Doppelrolle wieder: Er muss sein Schiff heil durch Wintersturm und enge Fjorde navigieren – und gleichzeitig den Mörder finden. Er hat schnell einen ersten Verdacht.

1

2

DER SCHIFFBRUCH DER MARY DEARE

Autor: Hammond Innes
Erscheinungsjahr: 1957
Originaltitel: „The Wreck of the Mary Deare“ (1956)
Übersetzer: Werner Peterich
Schauplatz: Ärmelkanal, an Bord des Frachters
Hauptfiguren: Bergungstaucher John Sands, Erster Offizier Gideon Patch, Verschwörer und Zweiter Offizier Higgins

Handlung: John Sands überführt seine neue Jacht von Frankreich über den Ärmelkanal – als in der Nacht ein Frachter gefährlich nah vorbeirauscht: die „Mary Deare“, Heimathafen Southampton. Am Tag darauf trifft er mit seiner Crew erneut auf das Schiff, das nun scheinbar manövrierunfähig und verlassen auf See driftet. Sands lässt sich an der Jakobsleiter absetzen, die an der Bordwand baumelt, und klettert aufs Schiff. Er irrt durch die dunklen Gänge unter Deck – und stößt auf einen Mann, verletzt und mit Kohlenstaub verdreckt.

DER AFGHANE

Autor: Frederick Forsythe
Erscheinungsjahr: 2006
Originaltitel: „The Afghan"
Übersetzer: Rainer Schmidt
Schauplatz: Pakistan, Afghanistan, auf dem Flüssiggastanker „Java Star"
Hauptfiguren: Elitesoldat Mike Martin, afghanischer Gefangener Izmat Khan

Handlung: Die Geheimdienste des Westens finden auf einem beschlagnahmten Laptop Hinweise, dass al-Qaida den nächsten großen Anschlag nach 9/11 plant. Nur wo? Und wie? CIA und der britische Auslandsgeheimdienst SIS fingieren die Abschiebung eines Taliban-Kommandanten, der in Guantánamo einsitzt – und schleusen den Agenten Mike Martin als Double bei al-Qaida ein. Währenddessen kapern die Terroristen einen Flüssiggastanker – und bauen ihn um für ihr Vorhaben. Kann der Agent sie noch stoppen?

3

4

LEICHE ÜBER BORD – EIN TATSACHENROMAN

Autoren: Jürgen Alberts und Eckard Mordhorst
Erscheinungsjahr: 2008
Schauplatz: an Bord des Frachters „Karl Binnen" auf dem Atlantik vor der Elfenbeinküste
Hauptfigur: Bremer Kriminalkommissar Eckard Mordhorst

Handlung: Ein Fall aus dem echten Leben: 1976 verschwindet auf einem Bremer Holzfrachter der Dritte Ingenieur. Wurde er ermordet und über Bord geworfen? Weil sich das Drama in internationalen Gewässern abspielte, werden Ermittler aus dem Heimathafen des Schiffs geschickt: der Kommissar und spätere Bremer Polizeipräsident Eckard Mordhorst und ein Kollege. Mit dem Krimiautor Jürgen Alberts schreibt Mordhorst später als Roman auf, was er auf dem Frachter erlebt hat: wie routinierte Polizeiarbeit die Lösung in einem äußerst brutalen Fall bringt. Die „Frage nach dem Warum" habe ihn nicht mehr losgelassen, sagt Mordhorst bei der Vorstellung des Buchs. Der Leser dankt.

ÖLPIRATEN

Autor: Janwillem van de Wetering
Erscheinungsjahr: 1997
Originaltitel: „Een ventje van veertig“
Übersetzer: Hans J. Schütz
Schauplätze: Amsterdam, Karibik
Hauptfiguren: der Commissaris, Privatdetektive Grijpstra und de Gier

Handlung: Drei korrupte niederländische Polizisten unterschlagen Millionen an Drogengeld und setzen sich zur Ruhe. Als Fassade betreiben sie ein Detektivbüro und nehmen sogar einen Fall an, um den Finanzbehörden nicht aufzufallen. Ein Reeder namens Ambagt verschifft illegal Rohöl von Iran nach Kuba. Auf hoher See wird sein Tanker von Piraten geentert und die komplette Ladung abgepumpt, die Crew offenbar entführt. Nur der Kapitän, sturzbetrunken, ist am Tag darauf noch an Bord. Ambagt heuert die Detektive an, seine Ladung zu finden. Als ein Ermittler der Versicherung ermordet wird, beginnt den Cops aus Amsterdam zu dämmern, worauf sie sich eingelassen haben.

5

6

DER PLAN

Autor: Philip Kerr
Erscheinungsjahr: 2000
Originaltitel: „A Five Year Plan“ (1998)
Übersetzerin: Cornelia Holfelder-von der Tann
Schauplatz: Miami, an Bord eines Frachters
Hauptfiguren: Gangster Dave Delano, DEA-Agentin Kate Furey

Handlung: Als der Gangster Dave Delano aus dem Knast entlassen wird, hat er den Plan für einen Millionen-Coup in der Tasche. Die russische Mafia schmuggelt Drogengeld über den Atlantik nach Europa. Mit Luxusjachten, die an Bord eines Spezialfrachters für Bootstransporte stehen. Auf einer der Jachten ist außerdem eine Ladung Heroin versteckt, und davon hat die amerikanische Drug Enforcement Administration Wind bekommen. Eine Agentin und ihr Team gehen undercover an Bord. Werden sie Delano in die Quere kommen? Natürlich. Kapieren die Mafiosi, was Sache ist? Zu spät. Mitten auf dem Atlantik kommt es zum Showdown. Warum ist dieser Roman von Philip Kerr eigentlich noch nicht verfilmt worden?

MORD AUF DER LEVIATHAN

7

Autor: Boris Akunin
Erscheinungsjahr: 2002
Originaltitel: „Левиафан" (2000)
Übersetzer: Renate und Thomas Reschke
Schauplatz: an Bord des Luxusliners „Leviathan"
Hauptfigur: Detektiv Fandorin

Handlung: Lord Littleby wird in seiner Pariser Villa ermordet – und mit ihm seine gesamte Dienerschaft. Der Täter hinterlässt nur eine Spur: eine goldene Anstecknadel in der Gestalt eines Pottwals, wie sie die Passagiere der ersten Klasse auf dem Luxusliner „Leviathan" tragen. Also schifft sich Kommissar Coche auf dem Dampfer ein; Zielhafen ist Kalkutta. Im Salon verhört er den engen Kreis der Passagiere, unter denen auch Akunins Serienheld ist, der Privatdetektiv Fandorin – der sich aber nicht zu erkennen gibt. Er ermittelt auf eigene Faust. Akunins Kriminalromane sind immer auch Anspielungen auf die politischen Zustände in seinem Heimatland Russland. Wegen seiner Kritik an Putins Überfall auf die Ukraine wurde sein Werk aus allen russischen Buchläden entfernt und sogar aus den Katalogen der Bibliotheken getilgt.

EVANGELINE

8

Autor: D. W. Buffa
Erscheinungsjahr: 2005
Originaltitel: „The Tragedy of Evangeline"
Übersetzer: Gunnar Kwisinski
Schauplatz: Segeljacht „Evangeline" auf dem Atlantik, Gerichtssaal
Hauptfigur: Skipper Vincent Marlowe, Staatsanwalt Michael Roberts, Verteidiger William Darnell

Handlung: Die Crew des Frachters „White Rover" sichtet mitten auf dem Atlantik ein Rettungsboot. Darin sechs Schiffbrüchige in verwahrlostem Zustand und eine Leiche, der Gliedmaßen und Kopf fehlen. Es sind die Überlebenden der Luxusjacht „Evangeline", die vierzig Tage zuvor im Orkan gesunken ist. Als den Menschen im Rettungsboot der Hungertod drohte, fällte der Skipper der Jacht eine unmögliche Entscheidung: Vincent Marlowe ließ das Los entscheiden, wer als Nächstes sterben musste, damit die anderen überlebten. Die Geschichte wird in Rückblicken erzählt – von den Zeugen, die vor Gericht im Prozess gegen den Skipper aussagen. Ein Kritiker schreibt: Staatsanwalt und Verteidiger „bringen den Leser ebenso wie die Jury in eine ausweglose Situation". Die Frage sei nicht, ob Morde begangen worden seien – sondern ob sie in der ausweglosen Notlage begangen werden mussten.

EINEN AUGENBLICK ALLEIN

Autor: Philippe Besson
Erscheinungsjahr: 2005
Originaltitel: „Un instant d'abandon"
Übersetzer: Caroline Vollmann
Schauplatz: Falmouth in Cornwall
Hauptfigur: Fischer Tom Sheppard

Handlung: Tom Sheppard fährt mit seinem achtjährigen Sohn im Sturm raus zum Fischen und kommt alleine wieder in den Hafen. Dafür muss er fünf Jahre ins Gefängnis. Als er nach Falmouth zurückkehrt, wird er von allen geschnitten; man hält ihn für einen Mörder. Ihm gerade recht, er will allein sein mit seinen Erinnerungen und seiner Schuld. Doch dann vertraut er sich drei Außenseitern in der Stadt an: dem pakistanischen Lebensmittelhändler Rajiv, der jungen Verkäuferin Betty und seinem Ex-Zellengenossen Luke. Der Roman, schrieb eine Kritikerin, ist eine Kreuzung von Marguerite Duras und Ernest Hemingway. Düster.

9

10

NORDWASSER

Autor: Ian McGuire
Erscheinungsjahr: 2018
Originaltitel: „The North Water"
Übersetzer: Joachim Körber
Schauplatz: auf einem Walfangschiff in der Baffin Bay
Hauptfiguren: Patrick Sumner, Bordarzt, und Henry Drax, Harpunier

Handlung: Zeitreise ins 19. Jahrhundert, als Petroleum noch rar war und der Tran von Walen in den Lampen funzelte: Die „Volunteer" wird in die Arktis geschickt, um Nachschub zu holen. Doch der Eigner plant in Wahrheit einen Versicherungsbetrug, sein Kapitän ist eingeweiht, Schiff und Crew dem Untergang geweiht. Nebenplot: die Konfrontation des Bordarztes Sumner, vom Dienst in der Kolonialarmee traumatisiert, mit dem Harpunier des Schiffs, dem Psychopathen Drax. Seefahrt war damals ein raues Geschäft, und McGuire schafft es, dass man beim Lesen vor Kälte zittert. Die Brutalität des Schlachtens, des Umgangs an Bord lässt einen erschaudern. Krasses Kopfkino garantiert.

IRLAND
GROSSBRITANNIEN
NO SMOKING
NAVE ANDROMEDA

DER MENSCH ALS LÄSTIGER BALLAST

OKTOBER 2020 + + + TANKER „NAVE ANDROMEDA“ + + + ÄRMELKANAL VOR ENGLAND

Oktober 2020, vor der Küste Englands: Blinde Passagiere bedrohen die Crew eines Tankers vor der Küste Englands. Solche Überfälle sind selten – und Gewalt geht eher von Kapitänen aus. Manche schrecken vor nichts zurück, um ungewollte Mitfahrer spurlos zu beseitigen.

Dunkelheit liegt über dem Ärmelkanal, als sich Soldaten eines Sondereinsatzkommandos von Helikoptern an Bord abseilen. Wenige Stunden zuvor hatte der Kapitän des Öltankers „Nave Andromeda", der sich auf dem Weg von Nigeria nach England befand, einen Notruf abgesetzt. Mehrere blinde Passagiere bedrohen die Crew. Sie sind kurz vor der Küste Englands aus ihren Verstecken gekommen und haben sich mit Scherben bewaffnet, der Waffe der Verzweifelten.

Britische Boulevardblätter „live-tickern" aufgeregt von der Krisenlage direkt vor der Isle of Wight. Eine Entführung eines 228 Meter langen Schiffs? Die Operation der britischen Eliteeinheit „Special Boat Service" dauert nur wenige Minuten. Zu Details gibt es auch danach keine Stellungnahme der Behörden. Laut Medienberichten werden sieben Männer festgenommen.

Die Geschichte blinder Passagiere in der Seefahrt ist lang – und nicht selten führt die Anwesenheit unliebsamer Mitrei-

sender zu Gewalt an Bord. Für manchen Kapitän bedeuteten sie nichts als Ärger, einen Mangel an Proviant und zusätzliche Kosten. Menschlicher Ballast, den man loswerden wollte. Wie viele blinde Passagiere in früheren Zeiten, als auf See die Willkür regierte, einfach der See übergeben wurden? Niemand vermag das zu schätzen. Selbst in jüngster Zeit sind Verbrechen dokumentiert.

Ein Matrose fotografiert im März 1982, als der israelische Kapitän Avner Gilad einen blinden Passagier auf ein notdürftig gezimmertes Floß zwingt, fünf Seemeilen vor Tansanias Küste. Der Mann wird nie wieder gesehen. Die Bilder des Schurken, der persönlich Hand anlegt, um sein wehrloses Opfer von Bord des Frachters zu schaffen, gehen um die Welt. In seiner Hosentasche steckt ein Hammer.

Es geht, wie eigentlich immer bei Skrupellosigkeiten in der Seefahrt, um Geld. Für jeden Kapitän und ihre Reedereien bedeuten die ungewollten Mitfahrer Probleme mit den Behörden. Durch Fahrplanänderungen, Hotels und Flüge können fünf-, bisweilen sogar sechsstellige Summen auflaufen. Im schlimmsten Fall wird ein Schiff tagelang, manchmal noch länger im Hafen festgehalten, bis der Fall geklärt ist. Dann kann der wirtschaftliche Schaden wegen entgangener Frachtraten und Strafen im Chartervertrag in den siebenstelligen Bereich gehen. Um das zu vermeiden, schrecken manche Kapitäne nicht mal vor Mord zurück.

Im März 1996 entdeckt Kapitän Cheng Shiou, damals 34 und der jüngste Kapitän Taiwans, kurz nach dem Auslaufen im spanischen Algeciras blinde Passagiere auf seinem

Frachter „Maersk Dubai". Es sind zwei Rumänen, die auf ein besseres Leben hoffen. Das Schiff befindet sich zu diesem Zeitpunkt 54 Seemeilen westlich von Gibraltar auf dem Atlantik. Shiou, ein unscheinbarer Brillenträger, gibt Befehl, sie einfach über Bord werfen zu lassen. Auf Bitten des Maschinisten erlaubt er, sie auf einem provisorischen Floß auszusetzen. Was angesichts der Entfernung zum Festland eine Beruhigung des Täter-Gewissens bedeutet, nicht aber echte Hilfe. Die Opfer schaffen es nicht an Land. Vermutlich werden sie von der Schiffsschraube zermalmt.

Ziemlich genau zwei Monate später entdeckt die Crew erneut einen blinden Passagier, wieder einen Rumänen, 18 Jahre jung. Gheorghe Mihoc hat sich in einem Container versteckt, um in den Zielhafen Halifax zu gelangen. Diesmal verzichtet Kapitän Shiou auf Alibi-Maßnahmen. Zusammen mit seinen Offizieren wirft er den jungen Mann über Bord.

Als die Crew wenige Stunden später einen weiteren Mann aufstöbert, entscheiden einige Seeleute, ihn bis zum Zielhafen in Kanada zu verstecken. In einem Brief an einen Seemannspastor haben sie bereits auf die Verbrechen aufmerksam gemacht. Mit ihrer Hilfe schafft es Nicolae Pasca lebend vom Todesschiff. Polizisten stürmen den Frachter und nehmen den Kapitän mitsamt seinen Offizieren fest. Insgesamt zehn Monate lang halten die Behörden die „Maersk Dubai" in Halifax fest, bis ein Gerichtsverfahren beginnt.

Dann der Skandal: Die taiwanesische Regierung beantragt die Einstellung des Verfahrens! Weil das Verbrechen in internationalen Gewässern geschah, sei Kanada nicht zuständig. Der taiwanesische Seemann sei umgehend freizulassen. Nach Medienberichten soll das Außenministerium Geld an die Reederei bezahlt haben, um dem Kapitän zur Seite zu stehen. Die Reederei wiederum setzt Familienangehörige der philippinischen Crew unter Druck; die Seeleute sollen ihre Aussagen widerrufen. Anwälte bezeichnen ihre Aussagen als „Übertreibungen", mit dem einzigen Ziel, Asyl beantragen zu können. Der Kapitän behauptet, die blinden Passagiere eine Seemeile vor der marokkanischen Küste abgesetzt zu haben. Eine nahezu unverschämte Lüge, die sich anhand der aufgezeichneten Daten entkräften lässt.

Das Gericht befindet schließlich, dass es tatsächlich nicht zuständig sei. In internationalen Gewässern greife keine kanadische Gerichtsbarkeit. Als einige Jahre später der Fall nach allgemeiner Empörung in Taipeh neu angesetzt wurde, endete er erneut mit einem Freispruch. Diesmal wegen nicht ausreichender Beweise. Eine Schuld des Kapitäns könne nicht festgestellt werden, heißt es im Urteil. Welch ein Hohn. Für seine Taten wurde der mörderische Kapitän lediglich degradiert. Er durfte keine Schiffe mehr führen, sondern verrichtete fortan Büroarbeiten für seine Reederei.

Kanadas Behörden gewährten den philippinischen Zeugen Asyl. Sie verbrachten nach Medienberichten einige Zeit in einem Obdachlosenheim. Erst Jahre später durften sie ihre Familien wiedersehen. Drei von ihnen sollen heute für die kanadische Coast Guard arbeiten.

Nicolae Pasca, der blinde Passagier, den die Helden der Crew versteckten, soll heute in Chicago leben.

MENSCHENFRESSER

Tatort	Südseeinsel Nuku Hiva
Tatzeit	9. Oktober 2011
Täter	Arihano H.
Straftaten	Mord, Vergewaltigung, Störung der Totenruhe

Heike Dorsch und Stefan Ramin wollen mit dem Abenteuer ihres Lebens nicht warten, bis sie in Rente gehen. Die Projektmanagerin und der Unternehmensberater kaufen 2008 einen Katamaran und bauen ihn aus für die große Fahrt. „Baju“ nennen sie ihr Schiff, ihr „Häuschen auf dem Meer“. Die Weltumsegelung beginnt.

Sie kommen bis in die Südsee. Vor Nuku Hiva, einem Inselchen im Archipel der Marquesas, gehen sie vor Anker. Sechs Wochen bleiben sie, länger als geplant. Aber was zählen schon Pläne auf einer solchen Reise? Sie haben keine Eile. Sie freunden sich mit einigen Insulanern an, die sie auf ihren Streifzügen kennenlernen.

Zum Beispiel mit Arihano H., 31 Jahre alt, einem Jäger.

Zwei Tage vor ihrer geplanten Abfahrt verabredet sich Ramin mit diesem Mann, um auf Ziegenjagd zu gehen. Dorsch sieht von der Jacht aus, wie die beiden am 9. Oktober 2011 im Dschungel des Hakaui-Tals verschwinden.

Am frühen Abend hört sie Rufe vom Strand, es ist der Jäger. „Ein Unfall", brüllt er, „im Wald!" Ramin soll sich verletzt haben. Dorsch setzt mit dem Beiboot über und folgt ihm in den Dschungel. Doch der Jäger kann sich jetzt angeblich nicht mehr erinnern, wo er Ramin zurückgelassen hat. Dann fällt er über die Frau her. Er vergewaltigt sie und fesselt sie an einen Baum. Dorsch gelingt es jedoch, sich zu befreien. Sie flieht zum Schiff und alarmiert die Gendarmerie.

Die Polizei findet ein Lagerfeuer im Dschungel. Darin verkohlte Knochen, Fleischreste und Zähne. Die Schlagzeile geht um die Welt: „Weltumsegler von Kannibalen verspeist." Vielleicht

ist das der Grund, warum die Einheimischen jetzt dem Täter helfen. In der Weltpresse stehen sie plötzlich als brutale Menschenfresser da, das provoziert ihren Trotz. Sieben Wochen gelingt es dem Jäger, den Spezialeinheiten der Polizei zu entgehen. Dann stellt er sich – und fabriziert eine Geschichte, er habe Ramin in Notwehr getötet.

Das Gericht kommt zu einem anderen Schluss. Welches Motiv Arihano H. zu seiner Tat getrieben hat, kann nicht abschließend geklärt werden. Urteil: 28 Jahre Gefängnis.

MALAYSIA
INDONESIEN

DER SPRUNG

SEPTEMBER 1877 + + + KLIPPER „CUTTY SARK“ + + + REISE NACH INDONESIEN

Die „Cutty Sark“ ist ein legendäres Segelschiff, das schnellste seiner Zeit – und heute eine weltbekannte Attraktion an der Themse in Greenwich. Doch der elegante Teeklipper hat ein düsteres Geheimnis.

Die „Cutty Sark“ mochte ein schöner und schneller Klipper sein. Einer mit einem extravaganten Namen, der auf das kurze Hemd einer Hexe in einem Gedicht von Robert Burns zurückgeht. Ihr Eigner hatte zeitgleich mit dem Stapellauf im November des Jahres 1869 ein Problem.

Am 17. November 1869 eröffnete der Suezkanal – und Dampfschiffe übernahmen den Transport des begehrten Tees von China ins Britische Königreich. Die modernen Dampfer benötigten dank dieser Abkürzung 42 Tage für den Seeweg. Segler wie die „Cutty Sark“ hingegen brauchten rund ums Kap der Guten Hoffnung im Schnitt 102 Tage. Weil es keine Option war, sie durch den langen Kanal zu schleppen, mussten die Großsegler den weiten Weg um Afrika nehmen.

Das konnte nicht lange gut gehen. Womöglich spielten die wirtschaftlichen Zwänge eine Rolle in der Geschichte um den Mord an Bord eines Schiffes, das fernab der Kontrolle der Reederei am anderen Ende der Welt unterwegs war.

1877 holte die Crew die letzte Teeladung aus China. Danach versegelte das Schiff mit einer Kohleladung von London nach Sydney und weiter nach Shanghai. Doch Kapitän William Tiptaft fand keine Ladung. Er starb an Bord. Zu seinem Nachfolger beförderte die Reederei den jungen Ersten Offizier, einen Seemann namens James Wallace, Sohn einer wohlhabenden Familie. Die „Cutty Sark“ transportierte in den kommenden Monaten verschiedene Ladungen, etwa

Kohle von Japan nach China, Jute von Manila nach New York, Tee und Post von Kalkutta nach Australien.

Doch gut geführt wurde das Schiff in dieser Zeit nicht. Es mangelte auf manchen Reisen an Proviant, und der Erste Offizier Sidney Smith, ein brutaler und aufbrausender Mann, tyrannisierte die Crew. Während eines Sturms in japanischen Gewässern kam es zu einem Streit mit dem schwarzen Seemann John Francis. Dieser wehrte sich nach einer üblen Beleidigung. Smith schrie, er werde Francis nun über Bord werfen, griff nach einer Spillstange und schlug Francis nieder. Und zwar so heftig, dass das schwere Holz zerbrach. Der Seemann starb am folgenden Tag. Smith wurde in einer Kabine eingesperrt.

Doch Kapitän Wallace versuchte fortan, den Mord vor dem Erreichen des nächsten Hafens zu vertuschen. Die Crew sollte aussagen, dass Smith in Notwehr gehandelt hatte. Augenzeugen weigerten sich jedoch, das Protokoll zu unterschreiben. Als das Schiff am 17. August 1880 vor dem Hafen von Anjer in Indonesien den Anker fallen ließ, hatte der Kapitän das Beweisstück über Bord gehen lassen. Und nicht nur das: Er verhalf dem Mörder zur Flucht, indem er ihn an ein amerikanisches Schiff vermittelte. Unter falschem Namen heuerte Smith auf der „Colorado“ an und konnte entkommen. Warum Wallace so handelte? Darüber rätseln Historiker.

Die Crew war nun außer sich vor Wut und trat in einen Streik. Nur einige Schiffsjungen und Handwerker erschienen zur Arbeit an Deck. Wallace hatte aus London Befehl

THE CUTTY SARK.—Built in 1867 as a tea clipper
her record passages are :—182 knots in 12 hours, 363 knots i
Sark is now permanently anchored in Falmouth Harbour, ha
will be preserved as the most perfect type of sailing ship the

roved to be the fastest vessel of her class afloat. Amongst
ours, and 67 days from Sydney to the Lizard. The Cutty
een purchased by Capt. Dowman, of "Trevissome," and
has ever produced.

erhalten, nach Yokohama zu segeln, doch daran war nicht zu denken. Selbst als er mehrere Meuterer in Eisen legen ließ, änderte sich nichts an der Lage. Eine Flaute sorgte dafür, dass das Schiff in der Hitze festlag.

Von Schuldgefühlen geplagt, wähnte sich Kapitän Wallace in einer ausweglosen Lage. Seine Karriere als Offizier war wohl vorbei. Nicht nur hatte er die Tatwaffe verschwinden lassen, er hatte sich auch der Falschaussage und der Beihilfe schuldig gemacht. Am 9. September 1880 sprang Kapitän Wallace vor Anjer in die Javasee. Alarm! Die Männer ließen ein Boot zu Wasser, um ihn zu retten. Doch das Einzige, was sie noch sahen, waren die Flossen von Haien. In der offiziellen Sterbeurkunde ist „Tod auf See durch Selbstmord" vermerkt.

Der Mörder Smith sollte seiner Strafe nicht entkommen. Zwei Jahre später legte er mit dem Schiff „Mary Anne Nottebohm" an den West India Docks von London an. Auf der Kai wurde er von einem ehemaligen Schiffszimmermann der „Cutty Sark" erkannt. Ein Gericht verurteilte Smith wegen Totschlags zu sieben Jahren Haft. Die meiste Zeit verbrachte er mit harter Arbeit auf einem Wellenbrecher von Dover. Nach seiner Strafe kehrte er auf See zurück. Er brachte es sogar zum Kapitän der Anglo-American Oil Company. Noch immer war er ein harter Mann, doch vielleicht hatten ihn die Erlebnisse an Bord der „Cutty Sark" verändert. Er starb 1922 im Alter von 72 Jahren.

Die „Cutty Sark“ liegt heute in Greenwich, London.

AMAZONAS PIRATEN

Tatort Expeditionsjacht „Seamaster“
Position nahe Macapá, Amazonasdelta
Tatzeit 6. Dezember 2001
Täter Ricardo Colares Tavares
Straftat Mord

Es gibt nur wenige Jachtskipper, die in ihrem Sport so viel erreicht haben wie der Neuseeländer Peter Blake. Fünfmal segelte er die härteste Regatta, das Whitbread-Rennen um die Welt, 1990 holte er den Sieg. Er gewann den Langstreckenklassiker von Sydney nach Hobart und die begehrteste Trophäe überhaupt, den America's Cup, sogar gleich zweimal. 1994 stellte er einen Rekord auf. 74 Tage, 22 Stunden für die schnellste Umsegelung der Welt. Für seine Verdienste um den Sport erhob ihn Queen Elizabeth II. in den Adelsstand.

Das war das erste Leben des Sir Peter Blake.

Mit derselben Energie stürzte er sich in das zweite: als Advokat des Klimaschutzes. Er kaufte ein Expeditionsschiff und segelte mit seiner „Seamaster" zu den Schauplätzen der größten Umweltdramen. Er dokumentierte den Rückgang des Eises in der Antarktis und die Vernichtung von Regenwald durch Brandrodung in Brasilien.

Am 6. Dezember 2001 lag er in der Mündung des Amazonas vor Anker, als bewaffnete Piraten sein Schiff enterten. Sie trugen Sturmmasken und Motorradhelme. Blake war vorbereitet. Als prominenter Umweltschützer hatte er mehrfach Morddrohungen erhalten und sich beraten lassen, wie er sich und seine Familie schützen konnte. War das jetzt der Moment, alles oder nichts?

Furchtlos setzte sich der Segler gegen die Bewaffneten zur Wehr – und wurde vor den Augen seiner Crew niedergeschossen. Die Angreifer waren Kleinkriminelle ohne Plan. Sie kannten weder den Segler noch seine Mission. Die Piraten raubten einen Außenbordmotor und ein paar Armbanduhren, bevor sie mit ihrem Schlauchboot verschwanden.

Nur einen Tag später fassten sie Beamte der brasilianischen Bundespolizei. Der Schütze, ein Mann namens Ricardo Colares Tavares, wurde im Sommer 2002 zu 36 Jahren Gefängnis verurteilt. Seine Komplizen erhielten ebenfalls langjährige Haftstrafen.

Neuseeland trauerte um seinen Helden. Und benannte eine Bergkette in der Antarktis neu. Sie heißt nun offiziell „Blake-Massiv".

ZWÖLF SCHÜSSE IN DER NACHT

1981 + + + FRACHTER „GUSTAV BEHRMANN" + + + NORDATLANTIK, AUF DER REISE IN DIE USA

Nacht auf dem Atlantik. Der kleine Frachter arbeitet sich durch die Wellen, als plötzlich Schüsse fallen. Kapitän Jonny Roggendorf berichtet über einen Mord, der ihn lange verfolgte.

AUFGEZEICHNET VON STEFAN KRUECKEN

Als ich den ersten Schuss höre, springe ich aus dem Bett auf, streife mir eilig den Bademantel über und gehe raus auf den Gang. Noch ein Knall. Pamm! Und wieder. Pamm! Pamm! Zwölf Schüsse sind es insgesamt, dann ist es still im Schiff.

„Ach du Scheiße", sage ich leise zu mir selbst.

Ich nehme den Niedergang zu den Kabinen der Crew. Der Chief kommt mir entgegen. Er hat die Waffe in seinen Händen. „Hier hast du es", sagt er und gibt mir das Gewehr. Dann wankt er in seine Kammer, die ich sofort verriegeln lasse. Wir sind auf dem Nordatlantik, auf dem Weg von Island in die USA.

Soeben ist an Bord meines Frachters ein Mord geschehen.

Im Liniendienst fahren wir Anfang 1981 zwischen Reykjavík und Norfolk im US-Bundesstaat Virginia hin und her, mit Fischprodukten aus Europa und militärischer Ausrüstung für einen amerikanischen Armee-Stützpunkt auf der Insel. Unser Frachter heißt „Gustav Behrmann" und ist nicht mal hundert Meter lang. Jede Überfahrt in den stürmischen Monaten ist ein Abenteuer. Bei den ersten Reisen hatte ich ziemlichen Bammel, besonders wegen der Eisberge, die nicht mehr markiert waren. Bei schlechtem Wetter waren sie im Radar kaum zu sehen – und schlechtes Wetter erleben wir häufig.

Doch welche Wahl habe ich schon? Die Seefahrt steckt zu diesem Zeitpunkt in einer tiefen Krise, und ich bin froh über jede Charter, die mir hilft, meine Familie zu ernähren. Eine Gruppe von Kaufleuten auf Island, die mit den Preisen eines örtlichen Reederei-Monopolisten nicht einverstanden war, hatte sich zusammengetan und uns unter Vertrag genommen.

Der Maschinenchef an Bord heißt Joachim Mayer*, er ist Mitte 30, ein kräftig gebauter Kerl. Nüchtern ist er umgänglich, betrunken aber unberechenbar. Mir gefällt es gar nicht, als ich erfahre, dass er in meiner Abwesenheit ein Kleinkalibergewehr an Bord gebracht hat. Im Hafen von Ostende hatte er es erstanden, und um das deutlich zu sagen: Ich hätte es ihm nicht erlaubt. So aber ist die Waffe nun an Bord. Ich mag keinen Konflikt mit dem Chief riskieren. Er ist ein wichtiger Mann an Bord, und Ersatz dürfte schwer zu finden sein, schon gar nicht kurzfristig. Wenn er abmustert, haben wir ein Problem. Ich vereinbare also mit Mayer, dass das Gewehr auf See stets in meinem Zollschrank eingeschlossen bleibt.

Das Wetter ist mal wieder schlecht. Der Sturm tobt so schlimm, dass ein Kleiderschrank in meiner Kabine von der Wand abreißt und auf meine Koje fällt. Als wir unter Neufundland sind, beruhigt sich die Lage für einige Stunden. Mayer kommt mit einer Bitte zu mir. Er will auf einige Dosen auf dem Vordeck schießen, zur Entspannung, wie er sagt. „Da spricht doch nichts gegen, Käpt'n?“, fragt er. Wohl ist mir nicht, doch ich willige schließlich ein. Was in den Stunden danach geschieht, habe ich so rekonstruiert.

Nach den Schießübungen händigt mir der Chief entgegen unserer Absprache die Waffe nicht aus. Grund ist irgendein Problem in der Maschine, um das er sich eilig kümmern muss. Auch nimmt die Dünung wieder zu. Er verspricht, mir das Gewehr gleich am nächsten Morgen auf meine Kammer zu bringen.

Wie oft habe ich später darüber nachgedacht, dass diese Entscheidung ein schwerer Fehler war.

In den Abendstunden steigt eine Feier in den Kabinen der Crew. Was ich nicht weiß: Zwei türkische Matrosen haben in Reykjavik eine Hure an Bord geschmuggelt und versteckt. Alkohol fließt, reichlich sogar, und Mayer, schon ziemlich betrunken, macht sich ebenfalls an die Prostituierte ran. Was aber weder der Frau noch den Matrosen gefällt. Sie streiten. Ihr Geschrei weckt einen Seemann von den Kapverden, der die Brückenwache um 4 Uhr antreten soll. Erst bittet er, dann fordert er, dass sie die Klappe halten, damit er schlafen kann.

„Seid endlich ruhig! Sonst geh ich hoch zum Alten und beschwer mich!", ruft er.

„Wenn du das machst, dann leg ich dich um", antwortet der Chief. Natürlich glaubt ihm niemand.

Tatsächlich eilt der Seemann von den Kapverden auf die Brücke, um sich zu beschweren. Als er in seine Kammer zurückmöchte, erwartet ihn der Chief mit seinem Gewehr auf dem Gang. Er legt an. Er drückt ab. Eiskalt, immer wieder.

Was nun? Ich fahre mein ganzes Leben zur See, seit ich 16 Jahre alt bin. Meine ersten Reisen verlebte ich unter Zuständen, die so katastrophal waren, dass sie heute Ungläubigkeit auslösen. Ich möchte behaupten, dass ich so ziemlich alles erlebt habe, was ein Seemann erleben kann. Einen Mord an Bord des eigenen Schiffes aber hatte ich noch nie. Das will man auch nicht erleben.

Was nun?

Ich versuche, meine Nerven zu beruhigen, und überlege. Der Leichnam ist nach einem Dutzend Kugeln nicht so zugerichtet, wie man sich das in einem Fernsehkrimi vorstellt. Wunden durch Kleinkaliber bluten nicht so stark. Ich lasse den Leichnam erst bedecken, dann in die Kühlkammer bringen. Alle sind geschockt. Der Täter muss in Haft, das hat oberste Priorität. Er kann nicht aus seiner Kabine, die ich bewachen lasse. Doch mit einer Leiche nach New York zu fahren? Unmöglich. Das Schiff wäre auf Wochen aus dem Verkehr gezogen, das können wir uns nicht leisten. Ich entscheide, den Hafen von St. Johns anzufunken und so vage wie möglich zu bleiben. Ich spreche von einem „Schwerstverletzten" nach einer „Auseinandersetzung" an Bord. Erst kurz vor dem Hafen gebe ich durch, dass der Mann verstorben ist und es ein Verbrechen gab.

Polizisten warten an der Pier, als wir festmachen. Mayer wird festgenommen und mit einem Wagen fortgebracht. Befragungen beginnen. Von der isländischen Hure erzähle ich erst mal nichts. Ein Problem nach dem anderen.

Denn Zeit, den Schock zu verdauen, bleibt mir kaum. Schon am nächsten Morgen parkt der Polizeiwagen wieder neben dem Schiff. Zwei Uniformierte kommen an Bord und verlangen, mich zu sprechen. Ich gehe davon aus, dass die Ermittlungen weitere Fragen ergeben haben, doch es ist anders.

„Kapitän, wir können den Mann nicht festhalten", eröffnet mir einer der Beamten.

Bitte: was?

„Die Tat geschah nicht in Kanada, sondern in internationalen Gewässern. Das ist nicht unser Zuständigkeitsgebiet."

„Das ist doch ein Mörder!", rufe ich.

„Mag sein, aber nicht unser Mörder", lautet die Antwort.

Ich kann es nicht fassen und bringe dies auch deutlich zum Ausdruck. Doch die kanadischen Polizisten sagen, dass sie nichts tun könnten. So sei eben das Gesetz. Maximal weitere 24 Stunden könnten sie den Tatverdächtigen noch festhalten, dann würden sie ihn wieder an Bord bringen. Zurück auf mein Schiff? Ich protestiere. Sollte der Mann an Bord kommen, gäbe es wieder Gewalt. Die Crewkameraden sind wütend und würden den Toten rächen. Doch die Ansage der Polizisten ist eindeutig.

Ich verständige die deutsche Botschaft in Ottawa, um nach einem Rat zu fragen. Man verspricht, dass sich jemand „kümmern" werde. Was das heißen soll, weiß ich bis heute nicht, außer, dass die Polizei in Deutschland informiert wird. Es könne „einige Tage" dauern, bis Beamte eintreffen und der Papierkram erledigt sei. Einige Tage, in denen der Täter frei herumläuft und sich in diesem riesigen Land womöglich absetzt? Das kann alles nicht wahr sein. Mir kommt eine Idee.

„Wie wäre es, wenn wir den Chief in einem Hotel unterbringen und einen Privatdetektiv engagieren, der den Mann bewacht? So lange, bis die deutschen Kollegen vor Ort sind", schlage ich den Polizisten vor. Die Kosten übernehme ich. Es kann nicht sein, dass Mayer damit davonkommt.

So läuft es schließlich. Der Chief wird nicht aufs Schiff, sondern in ein Hotel von St. Johns gebracht und in einem Zimmer eingesperrt. Rechtlich ist dies bestimmt nicht einwandfrei. Doch Mayer ist nach einem kurzen Gespräch mit mir sogar einverstanden. Seine Tat hat ihn selbst erschüttert. Ich rede mit einem verheulten Mann, der sich selbst nicht verstehen kann. Der Privatdetektiv ist garantiert nicht Sherlock Holmes, denke ich nach einem kurzen Kennenlernen. Doch er passt auf, dass die Hoteltür zubleibt und Mayer nicht entkommt.

Damit wäre ein Problem gelöst, nicht aber die Situation mit der Prostituierten. Die Polizisten nehmen sie mit auf die Wache, später dann in ein Frauenhaus. Wenige Tage später nimmt man sie in einem Laden der Hafenstadt fest, nach einem Diebstahl. Sie wird schließlich nach Island abgeschoben, was unseren Charterer, der Flug und alle Spesen übernehmen muss, einiges kostet. In Reykjavík ist man vom Verlauf dieser Reise wenig begeistert, was man mich auch wissen lässt.

Noch viel schlimmer aber finde ich, wie die Geschichte endet. Dem Mörder wird einige Zeit später in Deutschland der Prozess gemacht, vor einem Gericht in Hamburg. Weil aber zahlreiche Unterlagen fehlen, die Frage der Zuständigkeit nicht einwandfrei zu klären ist und sich sein Vollrausch strafmildernd auswirkt, lautet das Urteil: 18 Monate. 18 Monate für 12 Kugeln? Obendrein wird die Untersuchungshaft angerechnet. Mayer ist nach zehn Monaten wieder ein freier Mann. Er fährt auch weiter zur See, ganz so, als sei nichts geschehen. Wie eine menschliche Zeitbombe, mit der es jederzeit wieder ein Problem geben kann. Immerhin muss er der Familie des Verstorbenen eine Art Rente zahlen. Mich erschüttert dieses Urteil. Ich finde es unmöglich.

Der ganze Fall hat mich viele Jahre beschäftigt. Auch mein eigenes Verhalten habe ich immer wieder hinterfragt. Vor allem dieser eine Gedanke, immer wieder: Was wäre gewesen, wenn ich das Gewehr eingeschlossen hätte?

Kapitän Jonny Roggendorf, Jahrgang 1942, kam in Hamburg-Altona zur Welt. Sein Vater war Seemann. 1958 besuchte Roggendorf die Schiffsjungenschule auf dem Priwall in Travemünde. Er durchlief die damals klassische Karriere vom Moses zum Kapitän. Nach seiner Zeit auf See arbeitete er als Reedereiinspektor. Roggendorf ist verheiratet, hat einen Sohn und lebt in Buxtehude.